Vollkorn-Backen

Brot, Gebäck und Süßes

Peter Gradwohl

Vollkorn-Backen

Brot, Gebäck und Süßes

PLUS:
Hefefreie, glutenfreie und **vegane** Rezepte

Mit Rezeptfotos von Peter Barci

Impressum

ISBN: 978-3-7088-0497-2

Lobkowitzplatz 1, A-1010 Wien
www.kneippverlag.com

Autor: Peter Gradwohl
Mitarbeit: Sylvia Sonnleitner
Lektorat: Sonja Franzke, www.vielseitig.co.at
Umschlagfotos: oben: arnd oetting, unten: iStockphoto
Fotos: S. 6, 11, 13, 15: © Peter Gradwohl; Rezept-Fotos, S. 16/17, S. 74/75: © Peter Barci
Umschlag|Grafische Gestaltung: Silvia Wahrstätter, www.buchgestaltung.at
Druck: Theiss GmbH, A-9431 St. Stefan
Printed in Austria

1. Auflage, Oktober 2010

INHALT

LIEBE LESERINNEN UND LESER,
LIEBE FREUNDE VON VOLLWERT- UND VOLLKORNBACKWAREN!

Es ist uns ein Anliegen, den Menschen mit unseren Backwaren Lebenskraft und Vitalität zu schenken.

Seit Jahrzehnten engagieren wir uns im Bereich der Bio-Vollkornbackwaren, weil wir wissen, dass es einen unmittelbaren Zusammenhang zwischen der Gesundheit von Körnern und der Kraft und Energie der Menschen, die sich von ihnen ernähren, gibt.

Wir verwenden nur »frisch vermahlenes Korn« aus kontrolliert biologischem Anbau, denn täglich frisch zu backen ist wertlos, ohne täglich frisch zu vermahlen.

Unsere Getreidesorten stammen ausschließlich von biologischem, österreichischem Anbau. Österreich ist ein Land mit gesunder, kräftiger Erde und mit einer stark steigenden Zahl von Bio-Bauern.

Wir stellen höchste Anforderungen an unsere Getreidehändler. Wir legen großen Wert darauf, dass sich diese Biobauern an die strengen Richtlinien des ökologischen Landbaues halten.

Man schmeckt die sonnendurchfluteten Felder, die reiche Erde und die sorgsame Handarbeit. So erhalten unsere Körner das wunderbare, tiefe und runde Aroma sowie eine Fülle an Mineralstoffen, Spurenelementen und Enzymen, die durch das täglich frisch Vermahlen und Schroten vollständig erhalten bleiben. Alle anderen Zutaten verarbeiten wir grundsätzlich in vollwertiger und biologischer Qualität. Leider bietet uns der Markt nicht alle Rohstoffe in Bioqualität. Trotzdem sind wir bemüht, die schadstoffärmsten und die am wenigsten belasteten Zutaten zu verarbeiten.

Stammen manche Zutaten nicht aus heimischem Anbau – wie erlesene Trockenfrüchte, Gewürze und andere Köstlichkeiten –, vertrauen wir unseren Händlern, die Kontakte zu ausgesuchten Partnerbauern im Ausland pflegen.

TIPPS UND TRICKS BEIM BACKEN ZU HAUSE

* Es ist sehr wichtig, dass beim Backen bzw. bei der Teigzubereitung alle Zutaten eine gleichmäßige Temperatur haben. Butter und Eier immer schon einige Stunden vor dem Backen aus dem Kühlschrank nehmen.

* Bei »Ca.«-Mengenangaben von Flüssigkeiten bitte immer zurückhaltend arbeiten. Es kommt auf die Qualität des Mehls an, wie viel Flüssigkeit tatsächlich aufgenommen wird. Zugeben kann man immer noch.

* Bei Verwendung von Vollkornmehl etwas mehr Flüssigkeit zugeben, da das Mehl die Flüssigkeit besser bindet.

* Wenn eine Ruhezeit für den Teig vorgeschlagen ist, sollte diese immer eingehalten werden. Durch diese Stehzeit können sich die Aromastoffe besser entfalten.

* Hefeteig bedarf einer besonderen Phase der Ruhe, da sich die Hefezellen an den Teig anpassen und vermehren. Die Hefezellen akklimatisieren sich auf dem »Nährboden« Teig und beginnen ihre Tätigkeit, indem sie die vorhandenen Einfachzucker in Lockerungsgase umsetzen – das nennt man Triebgasbildung.

  Die Kleberbestandteile quellen nach, der Teig wird trockener und geschmeidiger – das ist die sogenannte Kleberentwicklung. Die Länge der Teigruhe ist von verschiedenen Faktoren abhängig: von der Mehlqualität, der Teigtemperatur (optimal sind 28–30 °C) und dem Knetergebnis.

  Um Kleberentwicklung und Triebgasbildung (= Teigreife) gleichermaßen zu fördern, werden auch heute noch Teige ausgestoßen. Das heißt in einfachen Worten, dass nach der ersten Ruhephase der Teig nochmals kräftig durchgeknetet wird. Der Teig quillt besser auf, die Poren vermehren sich und das Brot wird dadurch größer und schöner. Die Brotkrume (das Innere des Brotes) bildet eine geschlossene, feste Konsistenz und »krümelt« nicht beim Aufschneiden.

- Backen Sie mit Heißluft (in bewegter) oder mit Ober- und Unterhitze (in ruhiger Backatmosphäre)? Die Angaben in unseren Rezepten sind für Heißluftöfen. Sollten Sie jedoch mit einem Backofen mit Ober- und Unterhitze backen, verkürzen Sie die Backzeit etwas. Die Temperatur ist von Ofen zu Ofen unterschiedlich – genaue Richtwerte entnehmen Sie der Gebrauchsanweisung Ihres Gerätes.

- Schieben Sie die Backwaren und Mehlspeisen immer in ein vorgeheiztes Rohr. Nach dem Backen Brot und Gebäck sofort vom Blech oder aus der Form nehmen. Das sogenannte »Nachbacken« sollte man besonders bei Kleingebäck vermeiden. Zum Auskühlen eignen sich am besten Kuchengitter.

- Wenn Sie beim Backen keine befetteten Formen, Bleche usw. verwenden wollen, ist beschichtetes Backtrennpapier die optimale Alternative.

- Getreideprodukte und Getreide ziehen sehr gut Feuchtigkeit an. Eine gute Lagerung ist kühl, trocken und in einer gut belüfteten Vorratskammer. Anderenfalls können sie leicht »muffig« werden.

NAHRUNGSMITTELUNVERTRÄGLICHKEITEN

Menschen mit Nahrungsmittelunverträglichkeiten müssen auf vieles verzichten, aber nicht auf den Genuss von feinen Backwaren.
Nahrungsmittelunverträglichkeiten beeinflussen in vielfältiger Weise das Leben, viele liebgewonnene Lebens-, Ess- und Einkaufsgewohnheiten müssen umgestellt werden. Das ist manchmal schwierig und bisweilen auch beängstigend.
Wir sind bemüht, diesen Menschen besondere Lebensfreude zu schenken. Wir bieten unseren Kunden eine große Auswahl an Backwaren und auch Teigwaren an, die auf die unterschiedlichen Nahrungsmittelunverträglichkeiten abgestimmt sind. Außerdem bekommen sie von unserem Filialpersonal eine fundierte Beratung. Darüber hinaus liegen in allen Filialen unsere Allergiebroschüren auf.

WEIZENALLERGIE – ALTERNATIVE DINKEL

Als die ersten Brote gebacken wurden, gab es drei Urgetreidesorten:

- Dinkel
- Einkorn
- Emma

Im Laufe vieler Jahre wurden aus diesen drei Urgetreidesorten modernere Getreidesorten gezüchtet. Diese versprachen höhere Erträge und Gewinne.
In den letzten 25–30 Jahren entwickelten sich auf diese hochgezüchteten Sorten immer mehr Allergien und Unverträglichkeiten.
Immer mehr Menschen leiden an einer sogenannten Weizenallergie bzw. Unverträglichkeit.
Wenn wir Rezepte als »weizenfrei« kennzeichnen, beziehen wir uns auf diese hochgezüchteten, ertragsreichen Weizensorten.
Die einzige Alternative bieten natürliche, unveränderte Urgetreidesorten wie zum Beispiel Dinkel, Emma, Einkorn und Kamut.

Wir verwenden bei unseren Rezepturen ausschließlich diese »alten« – »wiederentdeckten, neuen Sorten«.
Somit bieten wir unseren Kunden die Möglichkeit, aus der Vielfalt der Körner ihr ganz persönliches Brot und Gebäck auszuwählen.

Achtung: Bitte verwechseln Sie nicht »weizenfrei« mit »glutenfrei«! Selbstverständlich enthalten die Urgetreidesorten ihr natürliches Getreide-Eiweiß (Gluten).

LAKTOSEINTOLERANZ – WIE STEHT ES MIT DER BUTTER?

Zu den in den letzten Jahren häufiger auftretenden Unverträglichkeiten gehört unter anderem leider auch die Laktoseintoleranz.
Wie vielen bekannt ist, handelt es sich bei einer Laktoseintoleranz um eine Milchzuckerunverträglichkeit.
Der gute Fachhandel bietet aber immer mehr Milchprodukte an, die laktosefrei sind!
Aus Überzeugung verarbeiten wir in einem Großteil unserer Produkte Biobutter bzw. Butter aus der Region.

MARGARINE – ALTERNATIVE FÜR VEGANER

Zurzeit bekommen Sie im Lebensmittelhandel eine Fülle von Margarine-Sorten. Aber Vorsicht ist geboten! Nicht alle Sorten sind rein pflanzlich. In manchen Produkten können auch tierische Zusatzstoffe beinhaltet sein. Der Kunde ist zu Recht verunsichert.
Schon seit vielen Jahren verwenden wir als Alternative zu Butter ausschließlich »rein pflanzliche Margarine«.
Beim Kauf von Margarine achten Sie genau auf ihre Inhaltsstoffe. Der ausgewählte Fachhandel ist Ihnen sicher eine große Hilfe.
Bio-Margarine ist somit beim Backen und Kochen eine ideale Alternative für eine vegane und bewusste Ernährung.

ZUCKERFREI – FÜR DIABETIKER GEEIGNET?

Unsere Rezepte basieren zum größten Teil auf der Verwendung von Honig. Diese Art zu süßen geht in der Geschichte des Backens sehr weit zurück. Es ist die natürlichste und wertvollste Art zu süßen.

Den erlesenen und feinen Geschmack der verschiedenen Honigsorten in unseren süßen Verführungen können und werden Kenner bestätigen.

Für Diabetiker heißt es natürlich aufpassen. Zuckerfreie Rezepte sind trotzdem nicht für Diabetiker geeignet.

Sauerteig

Für die Verarbeitung von Roggenmehl ist Hefe allein als Lockerungsmittel ungeeignet. Damit Roggenmehl backfähig und lockerungsfähig wird, benötigt man Säure. Die Brotkrume (das Innere des Brotes) würde ohne Lockerungsmittel feucht, klitschig und fade schmecken.

Die im Handel oftmals angebotenen Säuerungsmittel, die man hierfür verwenden könnte, haben den Nachteil, dass sie aus organischen Säuren und Salzen bestehen, also chemische Präparate sind. (Gute Reformhäuser bieten jedoch schon Sauerteigkonzentrate aus biologischem Anbau.) Durch ihre Führung werden die Nährstoffe auch nicht richtig ausgenützt. Daher verwendet man bei Roggenmehlen Natursauerteig. Dadurch verbessert man den natürlichen Wert des Mehls und die biologische Wirkung der Milchsäure- und Essigsäurebakterien.

In einem gut gereiften Sauerteig befinden sich also ca. 70 Prozent Milchsäurebakterien und ca. 30 Prozent Essigsäurebakterien sowie natürliche Hefezellen, die über die Luft und das Getreidekorn in den Sauerteig gelangen.

Sauerteig ist in der Herstellung allerdings zeitaufwändiger als Hefeteig. Mit Hefe geht der Teig schneller auf, ist schneller durchgebacken.

Auf die natürliche Hefe, die der Sauerteig in sich hat und die auch in großen Mengen in unserer Luft vorhanden ist, werden selbstverständlich keine allergischen Reaktionen ausgelöst. Allergische Reaktionen gibt es ausschließlich bei der industriell hergestellten Hefe.

Richtige Lagerung von Brot und Gebäck

Brot und Gebäck lagert man am besten in einer Brotbox aus Keramik oder Steingut. Brotboxen sollten keine großen Lüftungsschlitze haben, um unnötiges Austrocknen des Gebäcks zu verhindern.

Brot und Gebäck am besten im Papiersackerl (Papiertüte) oder mit einem Geschirrtuch umwickelt in der Brotbox lagern. Brotboxen und -töpfe müssen regelmäßig gereinigt werden, um der Schimmelbildung vorzubeugen.

Es ist nicht notwendig, Brot und Backwaren im Kühlschrank zu lagern. Manche Brotsorten werden im Kühlschrank schneller »altbacken« als bei Zimmertemperatur.

Eine längere Haltbarkeit bietet dazu das Einfrieren. Wenn Sie Brot und Gebäck einfrieren, sparen Sie nicht an einem guten Plastikbeutel bzw. guter Einfrierbox.

Fingerspitzengefühl und Zeit, ja viel Zeit gehören dazu, um aus erstklassigen Grundstoffen erlesene Backwaren und Mehlspeisen zu kreieren.
Bis heute lasse ich es mir nicht nehmen, selbst in der Backstube zu stehen und »Neues« zu erproben – sei es ein wunderbar knuspriges Brot oder leckere, süße Versuchungen.
Hingabe, Sorgfalt und Fingerspitzengefühl für jedes einzelne Stück bestimmen den Rhythmus unserer Backstube. Das freut auch den Gaumen.

ICH WÜNSCHE IHNEN BEIM NACHBACKEN DER REZEPTE VIEL FREUDE UND GUTES GELINGEN.

BROT & GEBÄCK

DINKELBROT

1 Wecken mit ca. 1,35 kg 800 g fein gemahlenes Dinkelvollkornmehl • 550 ml auf 25 °C erwärmtes Wasser • 50 g Hefe • 20 g Salz • 30 g Butter

Dinkelmehl in eine Schüssel geben, in die Mitte eine Mulde drücken. Wasser hineingeben, Hefe und Salz auflösen und unter gutem Durcharbeiten zu einem Teig mischen.
Die Butter soll immer erst im letzten Drittel des Mischprozesses dazugegeben werden. Würde man sie gleich zu Beginn zugeben, so würde das Fett die Hefezellen umschließen; diese Zellen könnten sich dann nur schlecht entwickeln und das Brot würde nur sehr langsam aufgehen. Arbeiten Sie mit der Küchenmaschine, so mischen Sie bei mittlerer Geschwindigkeit ca. 12 Minuten lang, mit der Hand ca. 18 Minuten.
Den Teig etwa 20 Minuten ruhen lassen. Danach noch einmal fünf Minuten kräftig durchkneten. Dieser wiederholte Knetvorgang hat zwei Vorteile: Restliches Wasser wird gebunden, der Teig quillt besser auf, die Poren vermehren sich, es wird dadurch größer und schöner. Außerdem bildet die Krume eine geschlossene, feste Konsistenz, das Brot krümelt beim Anschneiden nicht.

Nach diesem Vorgang den Teig weitere zehn Minuten liegen lassen. Auf einem Brett aufarbeiten, zu einem Wecken formen und auf das befettete Backblech legen.

Nach weiteren 30 Minuten mit Wasser bestreichen, mit dem Messer die Oberfläche des Brotes schräg einschneiden und backen.

Dinkelbrot bei einer Temperatur von 220 °C in den Ofen geben, ein Gefäß mit Wasser dazustellen und nach 1 Minute auf 175 °C zurückdrehen.

Tipp

Dieses Dinkelbrot eignet sich besonders zum Toasten und Grillen und schmeckt herrlich mit etwas Butter und Knoblauch.

Backtemperatur: 3 Minuten 220 °C, zum Fertigbacken 175 °C
Backzeit: 65–70 Minuten

Glutenfrei	Ohne Ei	Hefefrei	Milchfrei	Vegan	Weizenfrei	Zuckerfrei
	X				X	X

DINKEL-HAFERBROT

2 Brote mit ca. 730 g 40 g Hefe • 20 g Salz • ca. 650 ml Wasser • 350 g fein gemahlenes Dinkelvollkornmehl 350 g grob gemahlenes Hafervollkornmehl • 150 g Sojaschrot • 10 g gemahlener Koriander

Hefe und Salz in Wasser auflösen und mit den anderen Zutaten zu einem festen Teig verarbeiten. Den Teig 30 Minuten rasten lassen und dann noch einmal kräftig durchkneten. Nach einer weiteren Teigruhe von 30 Minuten aufarbeiten.

Haferbrot ist eine besondere Brotsorte, daher wählt man auch eine besondere Form. Man nimmt zwei Konservendosen mit einer Höhe von je zehn Zentimetern und einem Durchmesser von sieben Zentimetern. Diese Dosen innen mit Margarine bestreichen und mit Haferflocken ausstreuen.

Den Teig in 2 Teile teilen, eine länglich ovale Form wirken und in beide Dosen einfüllen. 40 Minuten gären lassen.

Dinkel-Haferbrot bei einer Temperatur von 220 °C in den Ofen geben, ein Gefäß mit Wasser dazustellen und nach 1 Minute auf 175 °C zurückdrehen.

Die Backzeit beträgt ca. 70 Minuten.

Tipp

Dinkel und Hafer geben Kraft – durch die Zusammensetzung eignet sich dieses Brot besonders für Ausdauersportler.

Backtemperatur: 175 °C
Backzeit: 70 Minuten

Gluten-frei	Ohne Ei	Hefe-frei	Milch-frei	Vegan	Weizen-frei	Zucker-frei
	X		X	X	X	X

AMARANTHBROT MIT KÜRBISKERNEN

2 Brote à 1,15 kg 70 g Hefe • 30 g Salz • ca. 750 ml Wasser • 250 g Amaranthmehl • 250 g Roggenvollkornmehl • 500 g Dinkelvollkornmehl • 350 g Kürbiskerne • 10 g gemischtes und gemahlenes Brotgewürz (Anis, Fenchel, Kümmel, Koriander) • 100 g Sauerteig (Rezept S. 139)

Hefe und Salz im Wasser auflösen, mit den restlichen Zutaten zu einem eher weichen Teig verarbeiten. 30 Minuten rasten lassen, anschließend aufarbeiten.

Kürbiskernbrotteig auf 2 gleich große Stücke aufteilen, rundwirken. 2–3 Minuten rasten lassen.

Wecken formen, mit Wasser bestreichen und mit Kürbiskernen bestreuen. Auf ein befettetes Backblech geben und der Länge nach einschneiden. Ca. 30 Minuten aufgehen lassen.

Den Ofen auf 220 °C vorheizen, ein Gefäß mit Wasser hineinstellen und das Brot in den Ofen geben. Nach 1 Minute auf 175 °C zurückschalten und ca. 55–60 Minuten lang backen.

Backtemperatur: 1 Minute 220 °C, zum Fertigbacken 175 °C
Backzeit: 55–60 Minuten

Glutenfrei	Ohne Ei	Hefefrei	Milchfrei	Vegan	Weizenfrei	Zuckerfrei
	X		X	X	X	X

DINKEL-GRÜNKERNBAGUETTE MIT OLIVEN

2 Baguettes à ca. 500 g 30 g Hefe • 10 g Salz • ca. 380 ml auf 25 °C erwärmtes Wasser • 75 g fein gemahlenes Grünkernvollkornmehl • 500 g fein gemahlenes Dinkelvollkornmehl • 25 g Olivenöl
150 g entkernte und klein gehackte Oliven

Hefe und Salz in Wasser auflösen und mit dem Grünkern- und dem Dinkelmehl zu einem weichen Teig kneten. Jetzt erst Olivenöl und Oliven dazugeben und den Teig fertig mischen.

Den Teig gut zudecken, ca. 90 Minuten an einem kühlen Ort aufbewahren. Die Oberfläche soll dabei nicht austrocknen. Durch die Liegezeit bildet er ein gutes Aroma.

Den Teig in 2 Teile teilen, rundwirken und nochmals zehn Minuten liegen lassen, damit eine Entspannung eintritt. Nach dieser kurzen Liegezeit den Teig sorgfältig in lange, dünne Stangen aufarbeiten.

Die zwei Stücke mit dem Schluss nach unten auf ein befettetes Backblech setzen und ca. 40 Minuten gären lassen.

Mit einer flach gehaltenen Klinge schräg einschneiden. Eventuell, je nach Geschmack, mit Olivenöl bestreichen und mit Oregano bestreuen.

Baguette 1–2 Minuten bei einer Temperatur von 220 °C im Ofen backen. Dann ein Gefäß mit Wasser dazustellen und bei einer Temperatur von 180 °C fertigbacken.

Tipp

Ofenfrisches Baguette ist ein Leckerbissen. Beim Essen bricht man Stücke ab. Wegen seines aromatischen Geschmacks ist es bei Feinschmeckern beliebt.

Backtemperatur: 1–2 Minuten 220 °C, zum Fertigbacken 180 °C
Backzeit: 30–35 Minuten

Gluten-frei	Ohne Ei	Hefe-frei	Milch-frei	Vegan	Weizen-frei	Zucker-frei
	X		X	X	X	X

Grünkern-Sauerkrautbrot

2 Brote à 750 g 30 g Hefe • 20 g Salz • ca. 450 ml Wasser • 100 g Sauerteig (Rezept S. 139) • ½ Teelöffel fein gemahlenes Brotgewürz (Anis, Fenchel, Kümmel, Koriander) • 200 g Sauerkraut • 550 g Dinkelvollkornmehl 200 g Grünkernvollkornmehl • Sesam und Leinsamen zum Verzieren

Hefe und Salz im Wasser auflösen, Sauerteig, Brotgewürz, Dinkelmehl und Grünkernmehl dazugeben und zu einem glatten, mittelfesten Teig verarbeiten. Sauerkraut erst zum Schluss dazugeben. 45 Minuten rasten lassen.

Den Teig in 2 gleich große Stücke teilen, rundwirken und auf ein Blech setzen.
Mit Wasser bestreichen und mit Sesam und Leinsamen bestreuen.
Noch einmal ca. 20–25 Minuten ruhen lassen.

Den Ofen auf ca. 220 °C vorheizen. Ein Gefäß mit Wasser in den Ofen stellen und das Brot hineingeben. Nach 1 Minute die Temperatur auf 175 °C reduzieren.

Backtemperatur: 1 Minute 220 °C, zum Fertigbacken 175 °C
Backzeit: 50–55 Minuten

	x		x	x	x	x
Glutenfrei	Ohne Ei	Hefefrei	Milchfrei	Vegan	Weizenfrei	Zuckerfrei

Dinkel-Walnussbrot

3 Brote à 700 g 50 g Hefe • 30 g Salz • 100 g Sauerteig (Rezept S. 139) • 650 g Dinkelvollkornmehl • 300 g Roggenvollkornmehl • ca. 650 ml auf 35 °C erwärmtes Wasser • 300 g Walnüsse • 100 g Butter

Hefe, Salz und Sauerteig im Wasser auflösen, mit den anderen Zutaten zu einem Teig verarbeiten. Den Teig so lange mischen, bis er geschmeidig ist und sich von der Schüssel löst. Erst in diesen plastischen Teig die Nüsse rasch untermischen. 30 Minuten rasten lassen.

In 3 gleich große Stücke teilen und rundwirken. Nach 5 Minuten Ruhezeit die Teigstücke zu eher langen Wecken formen und auf befettete Backbleche setzen.

Ca. 30 Minuten gären lassen, mit einem Messer in der Längsrichtung jeweils einen 2 cm tiefen Schnitt machen.

Ohne Wasser in den auf 220 °C vorgeheizten Ofen hineingeben. Nach 1 Minute die Temperatur auf 175 °C reduzieren. Wasser braucht man nicht beigeben, das Brot soll ein sehr rustikales Aussehen erhalten.

Tipp

Durch Form und Nüsse eine Abwechslung auf jedem kalten Buffet.

Backtemperatur: 1 Minute bei 220 °C, zum Fertigbacken 175 °C
Backdauer: ca. 40 Minuten.

Gluten-frei	Ohne Ei	Hefe-frei	Milch-frei	Vegan	Weizen-frei	Zucker-frei
	X				X	X

HIRSEBROT

2 Brote à ca. 650 g 30 g Hefe • 24 g Salz • 30 g Sauerteig (Rezept S. 139) • ca. 300 ml Wasser 500 g Weizenvollkornmehl • 100 g Roggenvollkornmehl • 500 g gedämpfte Hirse (Hirse rechtzeitig dämpfen und gut auskühlen lassen.) • Hirseflocken zum Bestreuen

Hefe, Salz und Sauerteig in Wasser auflösen und mit den anderen Zutaten zu einem eher festen Teig verarbeiten. Die gedämpfte Hirse bei halber Mischzeit zugeben. Den Teig zugedeckt ca. 50 Minuten rasten lassen.

Anschließend den Teig in 2 gleich große Stücke teilen und rundwirken. Mit Wasser bestreichen und mit Hirseflocken bestreuen.

Ca. 40 Minuten gären lassen und bei einer Temperatur von 220 °C in den Backofen geben. Ein Gefäß mit Wasser in den Ofen stellen, nach 1 Minute die Temperatur auf 175 °C reduzieren und ca. 55 Minuten fertigbacken.

Backtemperatur: 1 Minute 220 °C, zum Fertigbacken 175 °C
Backzeit: ca. 55 Minuten

Tipp

Hirse ist ein Jungbrunnen für Haare, Haut und Nägel.

Glutenfrei	Ohne Ei	Hefefrei	Milchfrei	Vegan	Weizenfrei	Zuckerfrei
	X		X	X		X

Amaranthbrot mit Dinkel und Roggen

2 Brote à 800 g 200 g frisch gemahlenes Amarantmehl • 650 g frisch gemahlenes Dinkelmehl • 150 g frisch gemahlenes Roggenmehl • ca. 700 ml Wasser • 20 g Salz • 50 g Hefe • 50 g Sauerteig (Rezept S. 139)

Hefe, Salz und Sauerteig im Wasser auflösen und mit den restlichen Zutaten zu einem Teig mischen. Ca. 30 Minuten rasten lassen.
In 2 gleich große Teile teilen, rundwirken und mit dem Schluss nach unten sofort auf ein befettetes Backblech setzen. Mit Wasser bestreichen, mit gemahlenen oder ganzen Amarantkörnern bestreuen. 35–45 Minuten rasten lassen.

Den Ofen auf ca. 250 °C vorheizen. Die Brote vor dem Backen zweimal ca. 2 cm tief einschneiden und in den Ofen legen. Nach 3 Minuten die Backtemperatur auf 190 °C zurückdrehen und ca. 50–55 Minuten backen.

Backtemperatur: 3 Minuten 250 °C, zum Fertigbacken 190 °C
Backzeit: ca. 50–55 Minuten

	×		×	×	×	×
Glutenfrei	Ohne Ei	Hefefrei	Milchfrei	Vegan	Weizenfrei	Zuckerfrei

KAROTTEN-NUSSBROT

3 Brote à ca. 700 g 50 g Hefe • 30 g Salz • 100 g Sauerteig (Rezept S. 139) • ca. 750 ml auf 35 °C erwärmtes Wasser • 650 g fein gemahlenes Weizenvollkornmehl • 300 g fein gemahlenes Roggenvollkornmehl 40 ml Olivenöl • 300 g klein gehackte Walnüsse oder Haselnüsse • 200 g geriebene Karotten

Hefe, Salz und Sauerteig in Wasser auflösen und mit den anderen Zutaten zu einem Teig verarbeiten. Den Teig so lange mischen, bis er geschmeidig ist und sich von der Schüssel löst. Erst in diesen plastischen Teig die Nüsse und Karotten rasch untermischen. Den Teig 60 Minuten rasten lassen, in 3 gleich große Stücke teilen und rundwirken.

Nach 5 Minuten Ruhezeit die Teigstücke zu langen Wecken formen und auf befettete Backbleche setzen.

Die Wecken ca. 30 Minuten gären lassen, dann mit einem Messer in Längsrichtung 2 cm tief einschneiden.

Ohne Wasser in den vorgeheizten Ofen (220 °C) geben, das Brot soll ein rustikales Aussehen haben. Die Ausbacktemperatur soll 175 °C betragen.

Backtemperatur: 220 °C, zum Fertigbacken 175 °C
Backzeit: 40 Minuten

	✗		✗	✗		✗
Glutenfrei	Ohne Ei	Hefefrei	Milchfrei	Vegan	Weizenfrei	Zuckerfrei

SPARGELBROT

2 Brote à ca. 900 g 200 g grüner Spargel • 35 g Salz • 30 g Hefe • 175 g Sauerteig (Rezept S. 139) ca. 700 ml Wasser • 500 g fein gemahlenes Weizenvollkornmehl • 500 g fein gemahlenes Roggenvollkornmehl • 20 g Butter • 15 g gemahlenes Brotgewürz (Anis, Fenchel, Kümmel, Koriander)

Den rohen grünen Spargel in ca. 1 cm lange Stücke schneiden und etwas salzen.
Hefe, Salz und Sauerteig in Wasser auflösen und mit den restlichen Zutaten zu einem mittelfesten Teig mischen. Den Teig so lange mischen, bis er geschmeidig ist und sich von der Schüssel löst.
Den geschnittenen Spargel in den Teig geben, kurz durchmischen, auf ein Holzbrett legen und zudecken. Die Teigruhe beträgt 60 Minuten.

Danach den Teig in 2 gleich große Stücke teilen, aufarbeiten und in 2 Brotbackformen geben. Nach dem Aufarbeiten beträgt die Teigruhe 45 Minuten.

Bei 220 °C in den vorgeheizten Backofen geben und ein Gefäß mit Wasser dazustellen. Nach 1 Minute auf 175 °C zurückdrehen und fertigbacken.

Tipp

Spargelbrot schmeckt am besten mit frischem Spargel.

Backtemperatur: 1 Minute 220 °C, zum Fertigbacken 175 °C
Backzeit: 75 Minuten

	X					X
Glutenfrei	Ohne Ei	Hefefrei	Milchfrei	Vegan	Weizenfrei	Zuckerfrei

BIO-BAUERNBROT

2 Brote à ca. 800 g 350 g Weizenvollkornmehl • 400 g Roggenvollkornmehl • 10 g fein vermahlenes Brotgewürz (Anis, Fenchel, Kümmel, Koriander) • 25 g Hefe • ca. 650 ml Wasser • 18 g Salz • 200 g Sauerteig (Rezept S. 139)

Weizenmehl mit Roggenmehl und den gemahlenen Gewürzen gut mischen. Hefe in Wasser auflösen und mit den restlichen Zutaten zu der Mehlmischung geben und zu einem Teig verkneten.

Ca. 1 Stunde zugedeckt gehen lassen und nochmals kräftig durchkneten.

Die Masse in 2 Teile teilen und rundwirken. Die beiden Stücke mit dem Schluss nach oben auf ein mit Backtrennpapier ausgelegtes Backblech setzen und noch maximal 15 Minuten gehen lassen.
Der Schluss nach oben bewirkt eine knusprige Kruste.

Die Brote bei einer Temperatur von 235 °C ca. 3 Minuten in den Ofen schieben. Temperatur auf 190 °C zurücknehmen und fertigbacken.

Backtemperatur: zuerst 235 °C, zum Fertigbacken 190 °C
Backzeit: ca. 55 Minuten

	X		X	X		X
Gluten-frei	Ohne Ei	Hefe-frei	Milch-frei	Vegan	Weizen-frei	Zucker-frei

GEWÜRZTER QUINOAWECKEN MIT SAUERMILCH

2 Wecken à 750 g 50 g Hefe • 25 g Salz • 100 ml Sauermilch • ca. 600 ml Wasser • 250 g Quinoavollkornmehl • 600 g Dinkelvollkornmehl • 150 g Roggenvollkornmehl • 10 g Brotgewürz (Anis, Fenchel, Kümmel, Koriander) • ganze Gewürze (Fenchel, Anis und Koriander) zum Bestreuen

Hefe und Salz in Sauermilch und Wasser auflösen und mit den restlichen Zutaten zu einem mittelfesten Teig mischen. Nach einer Teigruhe von 40 Minuten den Teig in 2 gleich große Stücke teilen und rundwirken.

Die rundgewirkten Teigstücke ca. 3–5 Minuten rasten lassen, zu Wecken formen und mit dem Schluss nach unten auf ein befettetes Backblech setzen.

Nach ca. 30–35 Minuten Ruhe mit Wasser bestreichen und mit Gewürzen bestreuen.

Dreimal quer einschneiden und in den auf 220 °C vorgeheizten Backofen schieben.
Nach 1 Minute auf 175 °C zurückdrehen und ca. 50–55 Minuten backen.

Backtemperatur: 1 Minute 220 °C, zum Fertigbacken 175 °C
Backzeit: 50–55 Minuten

Glutenfrei	Ohne Ei	Hefefrei	Milchfrei	Vegan	Weizenfrei	Zuckerfrei
	X				X	X

Einkorn-Joghurtbrot

2 Laibe à ca. 700 g 750 g Einkornvollkornmehl • 10 g Anis • 60 g Hefe • ca. 150–250 ml Wasser
15 g Salz • 30 g Butter • 3 Becher (ca. 550 ml) Joghurt

Einkornmehl mit Anis mischen und fein mahlen. Hefe im Wasser auflösen und mit allen Zutaten zu einem Teig mischen. Den Teig 40 Minuten liegen lassen und dann kräftig ausstoßen. Nach einer weiteren Teigruhe von 15 Minuten aufarbeiten. Teig in 2 Teile teilen, rundwirken, 10 Minuten liegen lassen.

Noch einmal rundwirken, die 2 Laibe auf ein befettetes Backblech legen.

Nach ca. 40 Minuten Gärzeit die Laibe mit einem Messer in der Mitte einmal kräftig einschneiden. In den Schnitt etwas Anis streuen. Das Aroma des Gewürzes zieht sich in das Innere des Joghurtbrotes.

Im vorgeheizten Ofen bei einer Temperatur von 230 °C ca. 3 Minuten backen. Ein Gefäß mit Wasser dazustellen und bei einer Backtemperatur von 180 °C fertigbacken.

Backtemperatur: 3 Minuten 230 °C, zum Fertigbacken 180 °C
Backzeit: ca. 50 Minuten

Tipp

Das Brot hat den typischen Joghurtgeschmack. Durch die Milchsäure werden die Backeigenschaften des Vollkornteiges und die Abwehrkraft gegen Schimmel verbessert.

Gluten-frei	Ohne Ei	Hefe-frei	Milch-frei	Vegan	Weizen-frei	Zucker-frei
	✗				✗	✗

Dinkelbaguette

2 Brote à ca. 400 g 30 g Hefe • ca. 350 ml auf 25 °C erwärmtes Wasser • 500 g fein gemahlenes Dinkelvollkornmehl • 10 g Salz • 25 g Butter

Hefe in Wasser auflösen und mit dem Dinkelmehl zu einem Teig kneten. Gegen Schluss Salz und Butter dazugeben, den Teig fertig kneten.
Salz sollte man bei diesem Spezialbrot erst zum Schluss zugeben, damit die Gärung nicht zu stark beeinträchtigt wird. Außerdem entstehen dadurch ungleiche Poren und kleine Hohlräume, die für dieses Brot charakteristisch sind.
Gut zugedeckt ca. 90 Minuten an einem kühlen Ort aufbewahren. Die Oberfläche soll dabei nicht austrocknen. Durch die Liegezeit bildet sich ein gutes Aroma.
Teig in 2 Teile teilen, rundwirken, nochmals 10 Minuten liegen lassen.
Sorgfältig in lange, dünne Stangen aufarbeiten.
Die 2 Stücke mit dem Schluss nach unten auf ein befettetes Backblech setzen und ca. 40 Minuten gären lassen. Dann mit einer flach gehaltenen Klinge schräg einschneiden.

Baguette bei 220 °C ca. 3 Minuten in den vorgeheizten Ofen geben und ein Gefäß mit Wasser dazustellen. Bei einer Temperatur von 180 °C fertigbacken.

Backtemperatur: 3 Minuten 220 °C, zum Fertigbacken 180 °C
Backzeit: ca. 30–35 Minuten

Tipp

Vor allem wegen seines Aromas ist ofenfrisches Dinkelbaguette ein besonderer Leckerbissen.

Gluten-frei	Ohne Ei	Hefe-frei	Milch-frei	Vegan	Weizen-frei	Zucker-frei
	✗				✗	✗

KAMUT-SESAMBROT

1 großer Wecken mit ca. 1,5 kg 180 g ungeschälter Sesam • 40 g Hefe • 800 g fein gemahlenes Kamutvollkornmehl • ca. 600 ml auf 25 °C erwärmtes Wasser • 20 g Salz

Den Sesam im Backofen bei einer Temperatur von 170 °C leicht rösten. Dadurch entsteht der nussige Geschmack.

Die Hefe im Wasser auflösen, mit den anderen Zutaten, einschließlich Sesam, zu einem Teig vermischen.

20 Minuten liegen lassen, noch einmal kräftig durchmischen.

Weitere 15 Minuten liegen lassen, damit sich das Teigstück entspannt und leichter zu einer Weckenform ausgedehnt werden kann.
Auf ein befettetes Backblech setzen, ca. 30 Minuten gären lassen.

Gut mit Wasser bestreichen, mit Sesam bestreuen. Das Brot bei einer Temperatur von 230 °C in den Ofen geben. Ein Gefäß mit Wasser in den Ofen stellen und bei einer Temperatur von 170 °C fertigbacken.

Backtemperatur: 3 Minuten bei 230 °C, zum Fertigbacken 170 °C
Backzeit: ca. 60–70 Minuten

Tipp

Der fein nussige Geschmack wird beim Toasten besonders deutlich.

Glutenfrei	Ohne Ei	Hefefrei	Milchfrei	Vegan	Weizenfrei	Zuckerfrei
	X		X	X	X	X

DINKEL-SOJABROT

3 Brote à ca. 500 g 350 g grob gemahlener Sojaschrot • ca. 700 ml auf 25 °C erwärmtes Wasser • 20 g Salz
30 g Hefe • 500 g fein gemahlenes Dinkelvollkornmehl • 150 g Sauerteig (Rezept S. 139)

Sojaschrot in 500 ml Wasser 2 Stunden vor dem Teigmischen einweichen. Salz und Hefe in 200 ml Wasser auflösen, mit Dinkelmehl, eingeweichtem Sojaschrot und Sauerteig zu einem Teig mischen. 20 Minuten rasten lassen, noch einmal kräftig durchmischen.

Nach einer weiteren Teigruhe von 20 Minuten aufarbeiten.

Den Dinkel-Sojabrot-Teig in 3 gleich große Teile teilen, rundwirken, mit dem Schluss nach unten auf ein befettetes Backblech setzen. Man kann die 3 rundgewirkten Teile vor dem Backen mit Wasser bestreichen und in Vollkornmehl wälzen, dadurch erhält das Brot ein schöneres Aussehen.

Auf dem Backblech 40 Minuten gehen lassen. Vor dem Backen mit einem scharfen Messer 1 cm tiefe Längs- und Querschnitte einschneiden und in den Ofen geben. Die Anfangstemperatur soll 230 °C, die Ausbacktemperatur 180 °C betragen.

Tipp

Dinkel-Sojabrot ist kalorienärmer und enthält weniger Kohlenhydrate als andere Brotsorten, daher ist dieses Brot besonders für Diabetiker geeignet.

Backtemperatur: 3–4 Minuten 230 °C, zum Fertigbacken 180 °C
Backzeit: ca. 45 Minuten

Gluten-frei	Ohne Ei	Hefe-frei	Milch-frei	Vegan	Weizen-frei	Zucker-frei
	✗		✗	✗	✗	✗

Dinkelbrot mit Sonnenblumenkernen

3 Brote à ca. 700 g 250 g Sonnenblumenkerne • ca. 800 ml auf 25 °C erwärmtes Wasser • 30 g Hefe 30 g Salz • 120 g Sauerteig (Rezept S. 139) • 650 g fein gemahlenes Dinkelvollkornmehl • 350 g fein gemahlenes Roggenvollkornmehl

Sonnenblumenkerne in 300 ml Wasser ca. 2 Stunden einweichen.

Hefe, Salz und Sauerteig in Wasser auflösen, mit allen Zutaten zu einem mittelfesten Teig verarbeiten. Den Teig so lange mischen, bis er geschmeidig ist und sich von der Schüssel löst. 20 Minuten rasten lassen, dann noch einmal vorsichtig durchkneten, damit die Sonnenblumenkerne nicht zerquetscht werden.

Nach einer weiteren Ruhe von 20 Minuten den Teig in 3 gleiche Teile teilen und rundwirken.

Diese rundgewirkten Teigstücke auf befettete Backbleche setzen, mit Vollkornmehl bestauben und die Form einer Sonne eingravieren. Die Oberfläche mit Wasser bestreichen und mit Sonnenblumenkernen bestreuen.

Die Teigstücke bei 230 °C in den vorgeheizten Ofen geben und ein Gefäß mit Wasser dazustellen. Die Brote bei einer Temperatur von 180 °C fertigbacken.

Tipp

Die eingeweichten Sonnenblumenkerne geben dem Brot einen sehr guten Geschmack.

Backtemperatur: 3 Minuten 230 °C, zum Fertigbacken 180 °C
Backzeit: ca. 55 Minuten

	✗		✗	✗	✗	✗
Glutenfrei	Ohne Ei	Hefefrei	Milchfrei	Vegan	Weizenfrei	Zuckerfrei

DINKEL-ROGGEN-MISCHBROT

4 kleine Brote à ca. 400 g 15 g Hefe • 15 g Salz • 150 g Sauerteig (Rezept S. 139) • ca. 600 ml Wasser
450 g fein gemahlenes Dinkelvollkornmehl • 300 g grob gemahlenes Roggenvollkornmehl

Hefe, Salz und Sauerteig im Wasser auflösen, mit den anderen Zutaten zu einem weichen Teig mischen.

Nach einer Ruhephase von ca. 40 Minuten den Teig in 4 gleich große Teile teilen, rundwirken und kurze Wecken formen. Die Oberfläche in Vollkornmehl wälzen, in eine Brotbackform legen.

Ca. 40 Minuten gehen lassen und im vorgeheizten Ofen bei einer Temperatur von 230 °C einschieben. Man braucht kein Wassergefäß dazustellen. Die Brote bei 180 °C fertigbacken.

Backtemperatur: 3 Minuten 230 °C, zum Fertigbacken 180 °C
Backzeit: ca. 45 Minuten

	✗		✗	✗	✗	✗
Gluten-frei	Ohne Ei	Hefe-frei	Milch-frei	Vegan	Weizen-frei	Zucker-frei

Kamutbrot mit Hafer und Hirse

2 Brote à 800 g 30 g Salz • 40 g Hefe • ca. 600 ml Wasser • 50 g Sauerteig (Rezept S. 139) • 850 g fein gemahlenes Kamutvollkornmehl • 150 g mittelgrob gemahlenes Hafervollkornmehl • 100 g frisch gemahlene Hirse • Brotgewürz (Anis, Fenchel, Kümmel, Koriander) nach Geschmack

Salz und Hefe in Wasser auflösen, mit den restlichen Zutaten zu einem eher weichen Teig verarbeiten. 45 Minuten ruhen lassen.

In 2 gleich große Stücke teilen, rundwirken und dann zu Wecken formen. In Hafermehl oder Haferkleie wälzen, in Brotbackformen geben.

Abermals 45 Minuten rasten lassen.

Den Ofen auf 250 °C vorheizen, ein Gefäß mit Wasser dazustellen. Brote hineingeben und nach 3 Minuten auf 180 °C zurückdrehen.

Das Brot vor dem Anschneiden gut auskühlen lassen.

Tipp

Kamutbrot mit Hafer und Hirse zeichnet sich besonders durch gute Haltbarkeit aus.

Backtemperatur: 3 Minuten 250 °C, zum Fertigbacken 180 °C
Backzeit: ca. 60–65 Minuten

Glutenfrei	Ohne Ei	Hefefrei	Milchfrei	Vegan	Weizenfrei	Zuckerfrei
	✗		✗	✗	✗	✗

BIO-BROT OHNE HEFE

2 Brote à ca. 600 g 350 g Weizenvollkornmehl • 200 g Roggenvollkornmehl • 2 g (kleine Prise) fein vermahlenes Brotgewürz (Anis, Fenchel, Kümmel, Koriander) • 250 g Sauerteig (Rezept S. 139) • 15 g Salz
375 ml Wasser • Weizenkleie zum Wälzen

Weizenmehl, Roggenmehl und die Brotgewürze gut mischen. Mit dem Sauerteig, Salz und Wasser zu einem geschmeidigen Teig verarbeiten. In einer Schüssel zugedeckt ca. 30 Minuten gären lassen.

Teig in 2 Teile teilen, rundwirken und zu Wecken formen, mit Wasser bestreichen und in Weizenkleie wälzen. In 2 befettete Kastenformen legen und nochmals 40 Minuten gären lassen. Vor dem Backen wird die Oberfläche mit einem scharfen Messer der Länge nach eingeschnitten und mit Wasser bestrichen. Dadurch entsteht eine knusprige Kruste.

Den Ofen auf 230 °C vorheizen, ein Gefäß mit Wasser dazustellen.

Die Kastenformen hineinstellen und nach 3 Minuten auf 180 °C zurückdrehen und fertigbacken.

Backtemperatur: 3 Minuten 230 °C, zum Fertigbacken 180 °C
Backzeit: ca. 50 Minuten

Glutenfrei	Ohne Ei	Hefefrei	Milchfrei	Vegan	Weizenfrei	Zuckerfrei
	✗		✗	✗		✗

BIO-KAMUTBROT OHNE HEFE

2 Brote à ca. 550 g 500 g Kamutvollkornmehl • ca. 350 ml Wasser • 15 g Salz • 250 g Sauerteig (Rezept S. 139)

Das Kamutmehl in eine Schüssel geben und mit Wasser, Salz und Sauerteig zu einem Teig kneten.
Arbeiten Sie mit einer Küchenmaschine, so mischen Sie bei mittlerer Geschwindigkeit ca. 8 Minuten, mit der Hand ca. 12 Minuten. Ca. 45 Minuten zugedeckt gehen lassen und nochmals kräftig durchkneten.

Den Teig in 2 Teile teilen und rundwirken. Die beiden Stücke mit dem Schluss nach unten auf ein befettetes Backblech legen und nochmals ca. 30 Minuten gehen lassen.

Im vorgeheizten Ofen bei einer Temperatur von 230 °C ca. 3 Minuten backen. Ein Gefäß mit Wasser dazustellen und bei einer Backtemperatur von 180 °C fertigbacken.

Backtemperatur: **zuerst 230 °C, zum Fertigbacken 180 °C**
Backzeit: **ca. 45 Minuten**

Gluten-frei	Ohne Ei	Hefe-frei	Milch-frei	Vegan	Weizen-frei	Zucker-frei
	✗	✗	✗	✗	✗	✗

BIO-ROGGENBROT MIT BACKFERMENT

1 Brot mit 750 g

1. Arbeitsschritt **130 g Backfermentansatz 1** 40 g Roggenvollkornmehl • 25 g Backferment • 65 ml Wasser
Für den 1. Backfermentansatz alle Zutaten kurz vermischen und gut zugedeckt an einem kühlen Ort 10 Stunden ruhen lassen. Die Oberfläche soll dabei nicht austrocknen.

2. Arbeitsschritt **330 g Backfermentansatz 2** 130 g Backfermentansatz (vom 1. Teil) • 100 g Roggenvollkornmehl • 100 ml Wasser
Nach der 1. Ruhephase kommen zum 1. Backfermentansatz Roggenmehl und Wasser und werden zu einem Teig verknetet. Dieser 2. Teigansatz bedarf wieder einer Stehzeit von 10 Stunden (wie oben).

3. Arbeitsschritt **330 g Backfermentansatz (vom 2. Teil)** • 250 g Roggenvollkornmehl • 160 ml Wasser
8 g Salz • Brotgewürz (Anis, Fenchel, Kümmel, Koriander) nach Geschmack
Wieder alle Zutaten der Reihe nach gut verkneten. Den Teig nochmals ca. ½ Stunde bei Zimmertemperatur zugedeckt liegen lassen, rundwirken und nochmals 10 Minuten ruhen lassen. Die Teigkugel zu einem Wecken formen und in eine befettete Brotbackform (Kastenform) legen. Nachmals 1 Stunde gehen lassen.

Im vorgeheizten Ofen bei einer Temperatur von 230 °C ca. 3 Minuten backen. Ein Gefäß mit Wasser dazustellen und bei einer Backtemperatur von 180 °C fertigbacken.

Backtemperatur: zuerst 230 °C, zum Fertigbacken 180 °C
Backzeit: ca. 60 Minuten

Gluten-frei	Ohne Ei	Hefe-frei	Milch-frei	Vegan	Weizen-frei	Zucker-frei
	✗	✗	✗	✗	✗	✗

Dinkelkipferln mit Kürbiskernen

30 Kipferln 1 kg fein gemahlenes Dinkelvollkornmehl • 70 g Hefe • ca. 600 ml auf 30 °C erwärmtes Wasser • 15 g Salz • 120 g Honig • 120 g Butter • ca. 200 g gehackte Kürbiskerne zum Wälzen

Das Dinkelmehl in eine Schüssel geben und in die Mitte des Mehls eine Vertiefung (Mulde) drücken. Hefe in etwas Wasser auflösen und einrühren. Salz und Honig zufügen und von der Mitte aus mit dem Mehl vermengen. Wasser nach und nach beigeben. Den Teig sehr kräftig durchkneten. Zum Schluss wird die Butter eingearbeitet.

Den Teig 20 Minuten gut zugedeckt an einem warmen Ort aufbewahren. Dann wieder kräftig durchmischen und weitere 15 Minuten liegen lassen. Nach dieser Ruhezeit wird der Teig »ausgestoßen«, anschließend werden Teigstücke mit einem Gewicht von je 60 g abgewogen.

Ca. 5 Minuten aufgehen lassen und dann mit einem Rollholz auf die Form einer Schuhsohle ausrollen (ca. 25 cm lang). Diesen ovalen Fleck unter gleichzeitig leichtem Drücken mit der Hand aufrollen, sodass ein Teigstrang von ca. 20 cm und 4–6 Wicklungen (der Teig wird 4–6-mal um die eigene Achse gewickelt) entsteht.

Den gewickelten Teigstrang mit Wasser bestreichen und in den gehackten Kürbiskernen wälzen. In Hufeisenform auf ein befettetes Backblech setzen. Ca. 40 Minuten gären lassen und bei einer Backtemperatur von 190 °C ca. 15–18 Minuten backen.

Beim Backen werden die gehackten Kürbiskerne geröstet und entwickeln einen besonderen Geschmack.

Backtemperatur: 190 °C
Backzeit: 15–18 Minuten

	✕				✕	✕
Glutenfrei	Ohne Ei	Hefefrei	Milchfrei	Vegan	Weizenfrei	Zuckerfrei

Dinkel-Kleingebäck

Ca. 30 Stück à 60 g 1 kg fein gemahlenes Dinkelvollkornmehl • 40 g Hefe • ca. 700 ml auf 20 °C erwärmtes Wasser • 25 g Salz • 20 g Honig • 20 g Butter

Das Dinkelmehl in eine Schüssel geben und in die Mitte eine Vertiefung (Mulde) hineindrücken.

Hefe in etwas Wasser auflösen und hineinschütten. Salz und Honig dazugeben und von der Mitte aus mit der Butter langsam vermengen. Nach und nach Wasser beigeben. Den Teig sehr kräftig durchkneten, bis er geschmeidig ist und Blasen wirft.

Der Teig soll eine eher weiche Konsistenz aufweisen, weil die Kleieteilchen, die im Vollmehl enthalten sind, zwar viel, aber nur langsam Wasser aufnehmen. Holzfaserstoffe sind sehr saugfähig, dadurch wird der Teig während der Ruhezeit automatisch fester.

Den Teig zudecken und an einem warmen Ort 25 Minuten aufgehen lassen.

Nach dieser Ruhezeit wird er »ausgestoßen«. Zu diesem Zweck Teig auf eine bemehlte Arbeitsplatte legen und mit beiden Händen flach drücken. Dadurch werden die verbrauchten Gärgase herausgedrückt, es kommt Luft in den Teig, die Hefezellen können sich leichter vermehren und der Teig gärt schneller. Noch einmal rundwirken (eine Kugel formen) und kleine Teigstücke mit einem Gewicht von 60 g abwiegen. Die ausgewogenen Teigstücke rundwirken und zu den einzelnen Dinkel-Kleingebäck-Sorten formen.

Bei Kipferln soll das Teigstück länger sein.

Das Kleingebäck bei 210 °C in den Ofen geben. Nach 1 Minute auf 180 °C zurückschalten. Ein Gefäß mit Wasser in den Ofen stellen.

Backtemperatur: 1 Minute 210 °C, zum Fertigbacken 180 °C
Backzeit: 15–20 Minuten

Glutenfrei	Ohne Ei	Hefefrei	Milchfrei	Vegan	Weizenfrei	Zuckerfrei
	X				X	X

DINKEL-SESAMLAIBCHEN

Ca. 30 Laibchen à 60 g 1 kg fein gemahlenes Dinkelvollkornmehl • 40 g Hefe • ca. 700 ml auf 20 °C erwärmtes Wasser • 25 g Salz • 20 g Honig • 20 g Butter • 100 g Sesam

Das Dinkelmehl in eine Schüssel geben und in die Mitte eine Vertiefung (Mulde) hineindrücken.

Hefe in etwas Wasser auflösen und hineinschütten. Salz und Honig dazugeben und von der Mitte aus mit der Butter langsam vermengen. Nach und nach Wasser beigeben. Den Teig sehr kräftig durchkneten, bis er geschmeidig ist und Blasen wirft.

Der Teig soll eine eher weiche Konsistenz aufweisen, weil die Kleieteilchen, die im Vollmehl enthalten sind, zwar viel, aber nur langsam Wasser aufnehmen. Holzfaserstoffe sind sehr saugfähig, dadurch wird der Teig während der Ruhezeit automatisch fester.

Den Teig zudecken und an einem warmen Ort 25 Minuten aufgehen lassen.

Nach dieser Ruhezeit wird er »ausgestoßen«. Zu diesem Zweck Teig auf eine bemehlte Arbeitsplatte legen und mit beiden Händen flach drücken. Dadurch werden die verbrauchten Gärgase herausgedrückt, es kommt Luft in den Teig, die Hefezellen können sich leichter vermehren und der Teig gärt schneller. Noch einmal rundwirken (eine Kugel formen) und kleine Teigstücke mit einem Gewicht von 60 g abwiegen. Mit einem Messer an der Oberfläche einschneiden, die Oberfläche mit Wasser bestreichen und in Sesam wälzen. Mit dem Schluss nach unten auf ein befettetes Backblech setzen und ca. 30 Minuten gären lassen.

Die Laibchen bei 210 °C in den Ofen geben. Nach 1 Minute auf 180 °C zurückschalten. Ein Gefäß mit Wasser in den Ofen stellen.

Backtemperatur: **1 Minute 210 °C, zum Fertigbacken 180 °C**
Backzeit: **15–20 Minuten**

	X				X	X
Gluten-frei	Ohne Ei	Hefe-frei	Milch-frei	Vegan	Weizen-frei	Zucker-frei

Dinkel-Kümmellaibchen

Ca. 30 Laibchen à 60 g 1 kg fein gemahlenes Dinkelvollkornmehl • 40 g Hefe • ca. 700 ml auf 20 °C erwärmtes Wasser • 25 g Salz • 20 g Honig • 20 g Butter • 100 g Kümmel

Dinkelmehl in eine Schüssel geben und in die Mitte eine Mulde hineindrücken. Hefe in etwas Wasser auflösen und hineinschütten. Salz und Honig dazugeben und von der Mitte aus mit der Butter langsam vermengen. Nach und nach Wasser beigeben. In 500 g Teig ca. 15 g Kümmel gut einarbeiten. Den Teig sehr kräftig durchkneten, bis er geschmeidig ist und Blasen wirft.

Der Teig soll eine eher weiche Konsistenz aufweisen, weil die Kleieteilchen, die im Vollmehl enthalten sind, zwar viel, aber nur langsam Wasser aufnehmen. Holzfaserstoffe sind sehr saugfähig, dadurch wird der Teig während der Ruhezeit automatisch fester.
Den Teig zudecken und an einem warmen Ort 20 Minuten aufgehen lassen. Durch die relativ kurze Gärzeit »reißt« der Schluss besser auf.

Nach dieser Ruhezeit wird er »ausgestoßen«, also auf eine bemehlte Arbeitsplatte gelegt und mit beiden Händen flach gedrückt. Dadurch kommt Luft in den Teig, die Hefezellen können sich leichter vermehren und der Teig gärt schneller. Noch einmal rundwirken und kleine Teigstücke von 60 g abwiegen, länglich formen und mit dem Schluss nach oben auf ein befettetes Backblech setzen. Mit Wasser bestreichen und mit Kümmel bestreuen.

Die Laibchen bei 210 °C in den Ofen geben. Nach 1 Minute auf 180 °C zurückschalten.
Ein Gefäß mit Wasser in den Ofen stellen.

Backtemperatur: 1 Minute 210 °C, zum Fertigbacken 180 °C
Backzeit: 15–20 Minuten

Gluten-frei	Ohne Ei	Hefe-frei	Milch-frei	Vegan	Weizen-frei	Zucker-frei
	X				X	X

DINKEL-MOHNLAIBCHEN

Ca. 30 Laibchen à 60 g 1 kg fein gemahlenes Dinkelvollkornmehl • 40 g Hefe • ca. 700 ml auf 20 °C erwärmtes Wasser • 25 g Salz • 20 g Honig • 20 g Butter • 100 g Mohn

Das Dinkelmehl in eine Schüssel geben und in die Mitte eine Vertiefung (Mulde) hineindrücken.

Hefe in etwas Wasser auflösen und hineinschütten. Salz und Honig dazugeben und von der Mitte aus mit der Butter langsam vermengen. Nach und nach Wasser beigeben. Den Teig sehr kräftig durchkneten, bis er geschmeidig ist und Blasen wirft.

Der Teig soll eine eher weiche Konsistenz aufweisen, weil die Kleieteilchen, die im Vollmehl enthalten sind, zwar viel, aber nur langsam Wasser aufnehmen. Holzfaserstoffe sind sehr saugfähig, dadurch wird der Teig während der Ruhezeit automatisch fester.

Den Teig zudecken und an einem warmen Ort 25 Minuten aufgehen lassen.

Nach dieser Ruhezeit wird er »ausgestoßen«. Zu diesem Zweck Teig auf eine bemehlte Arbeitsplatte legen und mit beiden Händen flach drücken. Dadurch werden die verbrauchten Gärgase herausgedrückt, es kommt Luft in den Teig, die Hefezellen können sich leichter vermehren und der Teig gärt schneller. Noch einmal rundwirken (eine Kugel formen) und kleine Teigstücke mit einem Gewicht von 60 g abwiegen. Mit dem Schluss nach unten setzen und mit einem Messer an der Oberfläche einschneiden. Die Oberfläche mit Wasser bestreichen und in Mohn wälzen. Auf ein befettetes Backblech setzen und ca. 30 Minuten gären lassen.

Die Laibchen bei 210 °C in den Ofen geben. Nach 1 Minute auf 180 °C zurückschalten.
Ein Gefäß mit Wasser in den Ofen stellen.

Backtemperatur: 1 Minute 210 °C, zum Fertigbacken 180 °C
Backzeit: 15–20 Minuten

Gluten-frei	Ohne Ei	Hefe-frei	Milch-frei	Vegan	Weizen-frei	Zucker-frei
	X				X	X

DINKEL-SOJAWECKERLN

22 Stück à 80 g 350 g grob gemahlener Sojaschrot • ca. 700 ml auf 25 °C erwärmtes Wasser • 20 g Salz 30 g Hefe • 500 g fein gemahlenes Dinkelvollkornmehl • 150 g Sauerteig (Rezept S. 139)

Sojaschrot in 500 ml Wasser ca. 2 Stunden vor dem Teigmischen einweichen.

Salz und Hefe in 200 ml Wasser auflösen, mit Dinkelmehl, eingeweichtem Sojaschrot und Sauerteig zu einem Teig mischen. 20 Minuten rasten lassen, noch einmal kräftig durchmischen. Nach einer weiteren Teigruhe von 20 Minuten aufarbeiten.

Den Weckerl-Teig in ca. 60–80 g schwere Teile teilen, rundwirken, mit dem Schluss nach unten auf ein befettetes Backblech setzen. Man kann die Weckerln vor dem Backen mit Wasser bestreichen und in Vollkornmehl oder in den verschiedenen Saaten wälzen (Sesam, Sonnenblumen, Leinsamen …).

Auf dem Backblech 40 Minuten gären lassen. Vor dem Backen mit einem scharfen Messer dreimal quer einschneiden und in den Ofen geben. Die Anfangstemperatur soll 210 °C, die Ausbacktemperatur 180 °C betragen.

Backtemperatur: 1 Minute 210 °C, zum Fertigbacken 180 °C
Backzeit: 20–25 Minuten

Gluten-frei	Ohne Ei	Hefe-frei	Milch-frei	Vegan	Weizen-frei	Zucker-frei
	✗		✗	✗	✗	✗

DINKEL-SALZSTANGERLN

Ca. 30 Stangerln à 60 g 1 kg fein gemahlenes Dinkelvollkornmehl • 40 g Hefe • ca. 700 ml auf 20 °C erwärmtes Wasser • 25 g Salz • 20 g Honig • 20 g Butter • 50 g Kümmel • 50 g Salz

Das Dinkelmehl in eine Schüssel geben und in die Mitte eine Mulde hineindrücken. Hefe in etwas Wasser auflösen und hineinschütten. Salz und Honig dazugeben und von der Mitte aus mit der Butter langsam vermengen. Nach und nach Wasser beigeben. Den Teig sehr kräftig durchkneten, bis er geschmeidig ist und Blasen wirft.

Der Teig soll eine eher weiche Konsistenz aufweisen, weil die Kleieteilchen, die im Vollmehl enthalten sind, zwar viel, aber nur langsam Wasser aufnehmen. Holzfaserstoffe sind sehr saugfähig, dadurch wird der Teig während der Ruhezeit automatisch fester.
Den Teig zudecken und an einem warmen Ort 25 Minuten aufgehen lassen.

Nach dieser Ruhezeit wird er »ausgestoßen«, also auf eine bemehlte Arbeitsplatte gelegt und mit beiden Händen flach gedrückt. Dadurch werden die verbrauchten Gärgase herausgedrückt, es kommt Luft in den Teig, die Hefezellen können sich leichter vermehren und der Teig gärt schneller. Noch einmal rundwirken und auf dem Arbeitstisch ca. 5 Minuten aufgehen lassen. Teigstücke zu je 60 g mit dem Rundholz oval ausrollen (Länge: 20 cm).

Der folgende Arbeitsvorgang erfordert etwas Übung: Die Salzstangerln werden »handgewickelt«: Der ovale Fleck wird mit dem Handballen unter gleichzeitig leichtem Drücken und Rollen zu einem Salzstangerl geformt.
Mit Wasser bestreichen und mit einer Mischung aus Kümmel und Salz bestreuen.
Dann 25 Minuten gären lassen. Die Salzstangerln bei 210 °C in den Ofen geben. Nach 1 Minute auf 180 °C zurückschalten. Ein Gefäß mit Wasser in den Ofen stellen.

Backtemperatur: 1 Minute 210 °C, zum Fertigbacken 180 °C
Backzeit: 15–20 Minuten

	X				X	X
Gluten-frei	Ohne Ei	Hefe-frei	Milch-frei	Vegan	Weizen-frei	Zucker-frei

Grünkernweckerln mit Mozzarella

30 Stück à 60 g 60 g Hefe • 20 g Salz • ca. 600 ml Wasser • 300 g fein gemahlenes Grünkernvollkornmehl 700 g fein gemahlenes Dinkelvollkornmehl • 10 g Butter • 300 g Mozzarella • Oregano

Hefe und Salz in Wasser auflösen und mit den restlichen Zutaten zu einem Teig verarbeiten. Butter erst im letzten Drittel zugeben. Den Teig 30 Minuten ruhen lassen.

Teigstücke zu 60 g abwiegen, rundwirken und Weckerln formen. Sofort auf ein befettetes Backblech geben und ca. 40 Minuten aufgehen lassen. Danach die Weckerln der Länge nach 1 cm tief einschneiden, Mozzarella in ca. 30 Streifen schneiden und je ein Stück in die Vertiefung füllen. Nach Geschmack mit Oregano bestreuen.

Die Weckerln bei 210 °C in den vorgeheizten Ofen geben, ein Wassergefäß dazustellen und nach 1 Minute auf 180 °C zurückdrehen.

Backtemperatur: 1 Minute 210 °C, zum Fertigbacken 180 °C
Backzeit: 20 Minuten

	X				X	X
Gluten-frei	Ohne Ei	Hefe-frei	Milch-frei	Vegan	Weizen-frei	Zucker-frei

Käse-Bierstangen

17 Stück à 45 g 300 g Einkornvollkornmehl • 270 g Butter • 100 g geriebener Parmesan • 100 g geriebener Emmentaler • 2 Eidotter (Eigelb) • 10 g Kümmel • 10 g Salz • 1 Messerspitze Paprika • 1 Messerspitze Pfeffer • etwas Bier • Ei zum Bestreichen **Käsemischung** 50 g Parmesan • 50 g Emmentaler

Einkornmehl auf ein Backbrett geben, eine Mulde hineindrücken, alle Zutaten dazugeben und rasch zu einem Teig verkneten. Der Teig soll nicht zu weich sein. Bei Bedarf Mehl dazugeben.

In den Kühlschrank geben und eine Stunde ruhen lassen.

Teig 5 mm dick zu einem rechteckigen Fleck ausrollen, mit Ei bestreichen und mit der Käsemischung bestreuen. Den Fleck der Breite nach in 8-cm-Streifen einteilen und schneiden. Von diesen Streifen Stangen (8 x 1 cm) schneiden.

Auf das mit zerlassener Butter befettete und mit Weizenmehl bestaubte Backblech setzen und im vorgeheizten Ofen bei 180 °C backen.

Tipp

Das gesunde Knabbergebäck passt auch sehr gut zu Wein.

Backtemperatur: 180 °C
Backzeit: 15 Minuten

Gluten-frei	Ohne Ei	Hefe-frei	Milch-frei	Vegan	Weizen-frei	Zucker-frei
						X

QUINOA-KNOBLAUCHFLADEN

6 Stück à 350 g 70 g Hefe • 25 g Salz • 200 g Sauerteig (Rezept S. 139) • ca. 750 ml Wasser 400 g Quinoavollkornmehl • 200 g Dinkelvollkornmehl • 400 g Roggenvollkornmehl • 25 g frisch gepresster Knoblauch

Hefe, Salz und Sauerteig in Wasser auflösen und mit den restlichen Zutaten zu einem weichen Teig verarbeiten.

Nach 50 Minuten Ruhezeit den Teig in 6 gleich große Stücke teilen (das sind ca. 350 g), rundwirken und mit einem Rollholz ca. 1½–2 cm dick ausrollen. Auf beiden Seiten gut mit Roggenmehl bestauben und auf befettete Backbleche setzen.

Nach ca. 20–25 Minuten Ruhezeit bei 210 °C in den vorgeheizten Backofen geben, nach 1 Minute auf 180 °C zurückdrehen.

Backtemperatur: 1 Minute 210 °C, zum Fertigbacken 180 °C
Backzeit: 20–25 Minuten

Tipp

Um einen noch intensiveren Knoblauchgeschmack zu erreichen, kann man bis 40 g Knoblauch zugeben und nach dem Ausbacken die Fladen mit Knoblauchöl bestreichen.

	✗		✗	✗	✗	✗
Gluten-frei	Ohne Ei	Hefe-frei	Milch-frei	Vegan	Weizen-frei	Zucker-frei

Quinoaweckerln mit Sonnenblumenkernen

30 Stück à 70 g 60 g Hefe • 30 g Salz • ca. 800 ml Wasser • 200 g Quinoavollkornmehl • 800 g Dinkelvollkornmehl • 250 g Sonnenblumenkerne • 20 g Butter

Hefe mit Salz im Wasser auflösen, mit den restlichen Zutaten zu einem etwas weicheren Teig verarbeiten. Ca. 12–15 Minuten rasten lassen.

Stücke à 70 g abwiegen (ca. 30 Stück) und rundformen.

Kurz rasten lassen, zu Weckerln formen, mit Wasser bestreichen und mit Sonnenblumenkernen bestreuen. Auf ein befettetes Backblech legen und ca. 30 Minuten aufgehen (gären) lassen.

Den Ofen auf 210 °C vorheizen, ein Gefäß mit Wasser dazustellen und die Weckerln hineingeben. Nach 1 Minute auf 180 °C zurückdrehen und ca. 15–20 Minuten fertigbacken.

Backtemperatur: 1 Minute 210 °C, zum Fertigbacken 180 °C
Backzeit: 15–20 Minuten

	✕				✕	✕
Glutenfrei	Ohne Ei	Hefefrei	Milchfrei	Vegan	Weizenfrei	Zuckerfrei

PARMESANKIPFERLN

20 Kipferln à 30 g 150 g Weizenvollkornmehl • 150 g Butter • 150 g geriebener Parmesan • 2 Eidotter (Eigelb) • Prise Salz • etwas geriebene Muskatnuss • 1 Eiweiß (Eiklar) **Käsemischung** 100 g Parmesan 2 Teelöffel Kümmel • Ei zum Bestreichen • Kümmel zum Bestreuen

Weizenmehl auf ein Arbeitsbrett geben, in die Mitte eine Mulde drücken. Butter, Parmesan, Eidotter, Salz und Muskatnuss dazugeben und rasch zu einem Käsemürbteig zusammenkneten. Im Kühlschrank ca. 1 Stunde ruhen lassen.

Käsemürbteig 2 mm dick ausrollen, mit abgeschlagenem Eiweiß bestreichen, die Käsemischung auftragen und gleichmäßig verteilen. Den Teigfleck in gleichmäßige Dreiecke mit einer Seitenlänge von 8 cm schneiden.

Die Dreiecke locker zusammenrollen, zu Kipferln formen, mit Ei bestreichen, mit Kümmel bestreuen und auf das mit zerlassener Butter befettete und mit Weizenmehl bestaubte Backblech setzen. Im auf 180 °C vorgeheizten Backofen backen.

Backtemperatur: 180 °C
Backzeit: 15 Minuten

Tipp

Bei der Herstellung von Käsemürbteig ist es sehr wichtig, dass alle Zutaten kalt sind.
Dieser Teig lässt sich auch in größeren Mengen herstellen und bis zu 2 Tage im Kühlschrank bei 0–4 °C lagern.
Neben der Zeitersparnis ergibt sich noch ein weiterer Vorteil: Abgelagerter Teig lässt sich besser verarbeiten.

Gluten-frei	Ohne Ei	Hefe-frei	Milch-frei	Vegan	Weizen-frei	Zucker-frei
		X				X

AMARANTH-KLEINGEBÄCK

Ca. 30 Stück à 60 g 50 g Hefe • 20 g Salz • ca. 700 ml Wasser • 250 g Amaranthmehl • 750 g Dinkelvollkornmehl • 10 g Butter • Mohn, Sesam, Hirse, Leinsamen, Sonnenblumenkerne, Kürbiskerne oder Käse zum Bestreuen

Hefe und Salz im Wasser auflösen und mit den restlichen Zutaten zu einem mittelfesten Teig mischen. 20 Minuten rasten lassen.

Aufarbeiten und in 60 g schwere Teigstücke auswiegen, verschiedene Formen, wie z. B. Laibchen, Weckerln oder Brezerln, herstellen. Mit Mohn, Sesam, Hirse, Leinsamen, Sonnenblumenkernen, Kürbiskernen oder auch mit Käse bestreuen.

30 Minuten stehen lassen und anschließend mit einer Schüssel Wasser in den vorgeheizten Backofen geben.

Alle Gebäckstücke, auch wenn sie verschieden aussehen, haben die gleiche Backzeit.

Backtemperatur: 3 Minuten 230 °C, zum Fertigbacken 200 °C
Backzeit: 20 Minuten

Tipp

So bekommt Ihr Frühstück, Mittag- oder Abendessen eine optische und geschmackliche Sortenvielfalt an Gebäck.

Gluten-frei	Ohne Ei	Hefe-frei	Milch-frei	Vegan	Weizen-frei	Zucker-frei
	X				X	X

BIO-HAFERSTANGERLN

Ca. 12 Stangerln à 80 g 350 g Dinkelvollkornmehl • 150 g Hafervollkornmehl • 225 ml Wasser • 8 g Salz 250 g Margarine (Zimmertemperatur) • 3 g Kümmel • 15 g Backpulver • Haferflocken zum Bestreuen

Aus allen Zutaten einen Teig kneten. Eine Ruhezeit ist nicht erforderlich, da sich im Teig keine Hefe befindet.

Den Teig in ca. 12 gleich große Stücke teilen, länglich formen und mit Wasser bestreichen. Anschließend in Haferflocken wälzen und auf ein befettetes Backblech mit genügend Abstand setzen.

Im vorgeheizten Ofen bei einer Anfangstemperatur von 230 °C ca. 3 Minuten backen. Zusätzlich ein Gefäß mit Wasser in den Ofen stellen. Bei 180 °C fertigbacken.

Backtemperatur: 3 Minuten 230 °C, zum Fertigbacken 180 °C
Backzeit: ca. 45 Minuten

Tipp

Die Haferstangerln sind ein Dauergebäck, das bei kühler Lagerung ca. 2 Wochen hält.

	X	X	X	X	X	X
Gluten-frei	Ohne Ei	Hefe-frei	Milch-frei	Vegan	Weizen-frei	Zucker-frei

KAMUT-KLEINGEBÄCK

Ca. 30 Stück à 60 g 1 kg fein gemahlenes Kamutvollkornmehl • 50 g Hefe • 25 g Salz • 20 g Honig 20 g Butter • ca. 650 ml Wasser

Das Kamutmehl in eine Schüssel geben, in die Mitte eine Vertiefung (Mulde) hineindrücken. Hefe in Wasser auflösen, hineinschütten, Salz und Honig dazugeben. Von der Mitte aus die Butter beimengen. Nach und nach Wasser beigeben. Den Teig kräftig durchkneten, bis er geschmeidig wird und Blasen wirft.

Wenn der Teig fertig gemischt ist, soll er eine eher weiche Konsistenz aufweisen, weil die Kleieteilchen, die im Vollmehl enthalten sind, zwar viel, aber nur langsam Wasser aufnehmen. Holzfaserstoffe sind sehr saugfähig. Dadurch wird der Teig während der Ruhezeit automatisch fester. Zugedeckt an einem warmen Ort 25 Minuten aufgehen lassen.

»Ausstoßen«: Zu diesem Zweck wird er auf eine bemehlte Arbeitsplatte gelegt und mit beiden Händen flach gedrückt. Dadurch werden die verbrauchten Gärgase hinausgedrückt, es kommt Luft in den Teig, die Hefezellen können sich leichter vermehren, der Teig gärt schneller.

Noch einmal rundwirken, kleine Teigstücke mit einem Gewicht von 60 g abwiegen. Die Teigstücke rundwirken und zu den einzelnen Kamut-Kleingebäcksorten formen.

Das Kleingebäck bei 210 °C in den Ofen geben. Nach 1 Minute auf 180 °C zurückschalten. Ein Gefäß mit Wasser in den Ofen stellen.

Backtemperatur: 1 Minute 210 °C, zum Fertigbacken 180 °C
Backzeit: 15–20 Minuten

Gluten-frei	Ohne Ei	Hefe-frei	Milch-frei	Vegan	Weizen-frei	Zucker-frei
	✕				✕	✕

DINKELKIPFERLN

Ca. 30 Kipferln à 65 g 1 kg fein gemahlenes Dinkelvollkornmehl • 70 g Hefe • 15 g Salz • 120 g Honig ca. 600 ml auf 30 °C erwärmtes Wasser • 120 g Butter • Ei zum Bestreichen

Dinkelmehl in eine Schüssel geben, in die Mitte eine Vertiefung (Mulde) drücken. Hefe, in etwas Wasser aufgelöst, hineingeben, Salz und Honig zugeben, von der Mitte aus mit dem Mehl vermengen. Wasser nach und nach beigeben, sehr kräftig durchkneten. Zum Schluss die Butter einarbeiten.

20 Minuten gut zugedeckt an einem warmen Ort gehen lassen.

Kräftig durchmischen und weitere 15 Minuten liegen lassen. Noch einmal durcharbeiten. Teigstücke mit einem Gewicht von je 60 g abwiegen.

Ca. 5 Minuten aufgehen lassen, mit einem Rollholz auf Form einer Schuhsohle ausrollen (ca. 25 cm lang). Diesen ovalen Fleck unter gleichzeitig leichtem Drücken mit der Hand aufrollen, sodass ein Teigstrang von ca. 20 cm Länge und 4–6 Wicklungen (der Teig wird 4–6-mal um die eigene Achse gewickelt) entsteht. Den gewickelten Teigstrang in Hufeisenform auf ein befettetes Backblech setzen, mit Ei bestreichen.

Ca. 40 Minuten gären lassen und bei einer Backtemperatur von 190 °C ca. 15–18 Minuten backen.

Backtemperatur: 190 °C
Backzeit: ca. 15–18 Minuten

					✗	✗
Gluten-frei	Ohne Ei	Hefe-frei	Milch-frei	Vegan	Weizen-frei	Zucker-frei

SÜSSES

Hirsebiskotten

Ca. 100 Stück 5 Eidotter (Eigelb) • 200 g Honig • Saft von einer Zitrone • 5 Eiweiß (Eiklar) • Prise Salz
250 g Hirsemehl • 30 g Sojamehl • 1 Messerspitze Backpulver

Eidotter in eine Schüssel geben und mit ¾ der Honigmenge und Zitronensaft gut schaumig rühren. Eiweiß mit dem restlichen Honig und einer Prise Salz zu steifem Schnee schlagen und unter die Dotter-Honig-Masse heben. Zuletzt das mit Sojamehl und Backpulver gut vermischte Hirsemehl langsam einmengen.

Mehrere Backbleche mit zerlassener Butter bestreichen und mit Hirsemehl bestauben und mit einem Dressiersack mit mittelgroßer, glatter Tülle ca. 8 cm lange Biskotten aufdressieren.

Sofort im vorgeheizten Ofen bei 170 °C ca. 12 Minuten backen.

Nach dem Backen ca. 15 Minuten auskühlen lassen, dann Biskotten vom Blech heben.

Backtemperatur: 170 °C
Backzeit: 12 Minuten

Tipp

Biskotten sind ein Gebäck, das man auf Vorrat backen kann. Wenn man sie gut austrocknen lässt und in Keksdosen gibt, ist eine Haltbarkeit von Monaten gewährleistet. Sie sind ideal als Kaffee- oder Teegebäck.

Gluten-frei	Ohne Ei	Hefe-frei	Milch-frei	Vegan	Weizen-frei	Zucker-frei
X		X	X		X	X

NUSS-ROSINENWECKERLN

24 Stück à 90 g 80 g Hefe • ca. 650 ml Wasser • 25 g Salz • 1 Ei • 120 g Honig • 150 g fein gemahlenes Grünkernvollkornmehl • 850 g fein gemahlenes Dinkelvollkornmehl • 100 g Butter • 200 g gehackte Nüsse 200 g Rosinen • 3 EL (ca. 30 g) Kokosraspeln zum Bestreuen

Hefe in Wasser auflösen und mit Salz, Ei und Honig vermischen. Mit Grünkern- und Dinkelmehl zu einem Teig verarbeiten. Butter erst im letzten Drittel des Mischvorganges beifügen. Zum Schluss Nüsse und Rosinen unter den Teig mischen.

Den Teig ca. 20–25 Minuten rasten lassen und in 90 g schwere Teigstücke teilen, rundschleifen und zu Weckerln formen. Mit Wasser bestreichen und mit Kokosraspeln bestreuen.

Die Weckerln ca. 30–40 Minuten aufgehen lassen und im vorgeheizten Backofen bei 180 °C backen. Ein Wassergefäß in den Ofen stellen.

Backtemperatur: 180 °C
Backzeit: 20–25 Minuten

Tipp

Nuss-Rosinenweckerln eignen sich wegen ihrer Zusammensetzung besonders gut als Schuljause für Kinder.

Glutenfrei	Ohne Ei	Hefefrei	Milchfrei	Vegan	Weizenfrei	Zuckerfrei
					✗	✗

ZIMTSCHNECKEN

Ca. 9 Schnecken à 90 g 600 g Plunderteig (Rezept S. 138) **Fülle** 90 g Honig • 12 g Brösel (süßes Paniermehl) • 25 g Rosinen • 5 g Zimt • 25 g Kakao • 90 g geriebene Haselnüsse • 60 ml Milch
Ei zum Bestreichen

Zimtschneckenfülle: Milch erwärmen, mit den restlichen Zutaten mischen. Die Fülle soll nicht zu weich, aber noch streichfähig sein.

Plunderteig rechteckig zu einem Fleck ausrollen, ca. 60 x 30 cm, 3 mm dick. Zimtschneckenfülle gleichmäßig aufstreichen und Teig wie eine Roulade zusammenrollen. Beim Einrollen sollen keine Hohlräume entstehen. Die Teigrolle mit einem scharfen Messer in Scheiben von ca. 3 cm schneiden. Mit einem stumpfen Messer werden die Teigfettschichten zusammengedrückt, und der Plunderteig kann sich nicht zu seiner vollen Größe entwickeln!

Die Schnecken auf befettete Backbleche setzen, mit Ei leicht bestreichen und mit gemahlenen Haselnüssen zart bestreuen. Ca. 30 Minuten gären lassen.

Im vorgeheizten Ofen bei 220 °C backen. Wassergefäß dazustellen.

Tipp

Für lange Zeit war Zimt das Geheimnis der Einwohner Sri Lankas. Heute sind der billigere China-Zimt und andere Zimtsorten im Handel. Zimt soll immer lichtgeschützt, kühl und trocken gelagert werden, um die Aromastoffe zu erhalten. Er wirkt appetitanregend.

Backtemperatur: 220 °C
Backzeit: ca. 20 Minuten

Gluten-frei	Ohne Ei	Hefe-frei	Milch-frei	Vegan	Weizen-frei	Zucker-frei
						✗

KAMUTCROISSANTS

Ca. 25 Croissants à 90 g 350 g Butter zum Einschlagen • 1,1 kg Kamutvollkornmehl • 50 g Hefe 100 g Honig • 20 g Salz • 650 ml kalte Milch

Butter mit 100 g Kamutmehl vermengen, einen Ziegel formen und in den Kühlschrank stellen. Dieser Butterziegel sollte 5 Stunden vor dem »Tourieren« gekühlt gelagert werden, dann lässt er sich leichter verarbeiten.

Hefe, Honig, Salz in der kalten Milch auflösen und mit dem restlichen Vollkornmehl zu einem mittelfesten Teig verarbeiten. Der Teig muss sehr kräftig durchgeknetet und anschließend 60 Minuten an einem kühlen Ort gelagert werden.

Nach dieser Ruhezeit drei Tourieren geben.

Den tourierten Teig wieder 60 Minuten kühl lagern. Nach dieser Zeit hat der Teig eine gute Geschmacks- und Aromareife erreicht und kann aufgearbeitet werden.
Den Teig ca. 2,5 mm dick ausrollen und mit einem Messer gleichmäßige Dreiecke herausschneiden. Diese mit der Hand sehr sorgfältig zu Croissants aufrollen. Auf Backbleche absetzen und ca. 30 Minuten zugedeckt an einem warmen Ort aufgehen lassen. Mit Ei bestreichen und im vorgeheizten Ofen bei ca. 200 °C ca. 15–20 Minuten backen. Ein Gefäß mit Wasser in den Backofen stellen.

Tipp

Gut gelungene Vollkorncroissants sind wahre Prachtstücke auf dem Frühstückstisch. Das Aroma kommt am besten zur Geltung, wenn Sie die Croissants durchschneiden und dünn mit Butter bestreichen.

Backtemperatur: 200 °C
Backzeit: ca. 15–20 Minuten

					X	X
Gluten-frei	Ohne Ei	Hefe-frei	Milch-frei	Vegan	Weizen-frei	Zucker-frei

Dinkel-Nussbeugel

30 Beugel à 70 g 500 g Dinkelvollkornmehl • 200 g Butter • 50 g Honig • 30 g Hefe • 2 Eidotter (Eigelb) ca. 100 ml Milch • etwas Salz • etwas abgeriebene Schale einer unbehandelten Zitrone
Nussfülle 350 ml Milch • 500 g gemahlene Walnüsse • 300 g Honig • 50 ml Rum • 50 g Brösel (süßes Paniermehl) • 5 g Zimt • Alternative: Mohnfülle (Rezept S. 137)

Fülle: Milch erwärmen, mit allen Zutaten gut vermischen. Fülle weich halten, durch die Brösel wird sie mit der Zeit fester. Nussfülle kann im Kühlschrank auf Vorrat gehalten werden. Wird die Fülle fester gemacht, trocknet sie weniger leicht aus.
Backblech mit zerlassener Butter bestreichen.

Dinkelmehl in eine Schüssel geben, Hefe in der Milch auflösen und mit sämtlichen Zutaten kurz zu einem festen Teig zusammenkneten. Den Teig ca. 40 Minuten im Kühlschrank rasten lassen.

Den »Beugelteig« in Stücke zu 300 g auswiegen, zu Teigstangen rollen, in 10 Teile schneiden und zu Kugeln formen.
Mit der Teigrolle die Kugeln zu ovalförmigen Flächen ausrollen, mit Mohn- oder Nussfülle belegen, zusammenrollen und zu »Beugeln« formen (kipfelförmig = hörnchenförmig).
Mit Ei bestreichen, abtrocknen lassen, nochmals mit Ei bestreichen, wieder abtrocknen lassen und dann im vorgeheizten Ofen bei 180 °C ca. 20 Minuten goldgelb backen.

Tipp

Durch das zweimalige Trocknen bekommen die Beugel an der Oberfläche die gewünschten Risse. Diese können noch gefördert werden, indem man die Beugel nach dem zweiten Trocknen mit Daumen und Zeigefinger etwas zusammendrückt.

Backtemperatur: 180 °C
Backzeit: ca. 20 Minuten

Gluten-frei	Ohne Ei	Hefe-frei	Milch-frei	Vegan	Weizen-frei	Zucker-frei
					X	X

NOUGATHERZEN

Ca. 10 Herzen à 100 g **Mürbteig** 300 g Dinkelvollkornmehl • 200 g Butter • 150 g Honig • Prise Salz abgeriebene Schale einer unbehandelten Zitrone **Nougatcreme** 140 g zimmerwarme Butter • 60 g Honig 80 g fertiger Vanillepudding • 60 g geriebene und geröstete Haselnüsse • ca. 5–10 g Haselnussmark (Paste im guten Fachhandel erhältlich) • etwas Rum • Prise Salz • Schokoladeglasur zum Tunken (Rezept S. 139) Kokosraspeln zum Verzieren

Für den Teig das Dinkelmehl auf ein Arbeitsbrett geben, eine Mulde drücken, sämtliche Zutaten dazugeben und kurz zu einem Teig zusammenwirken und 3 Stunden kühl stellen. Nach der Ruhezeit ca. 4 mm ausrollen und mit einem herzförmigen Ausstecher (8–12 cm Durchmesser) Mürbteigherzen ausstechen, auf Backpapier setzen und im vorgeheizten Ofen ca. 10–12 Minuten backen.

Nougatcreme: Butter, Honig und Pudding ca. 7–9 Minuten aufschlagen, kurz vor Ende die Haselnüsse, je nach Geschmack Haselnussmark, einen kleinen Schuss Rum und das Salz zugeben.

Auf die Hälfte der ausgekühlten Mürbteigherzen die Creme auftragen und verteilen. Ein Mürbteigherz daraufgeben und leicht andrücken.

Danach die Nougatherzen zur Hälfte in Schokoladeglasur tunken, mit Kokosraspeln bestreuen und trocknen lassen.

Backtemperatur: 170 °C
Backzeit: ca. 10–12 Minuten

Tipp

Da wir in diesem Rezept kein Ei verwenden, sind die Nougatherzen bei kühler Lagerung mindestens 1 Woche haltbar.

	X	X	X		X	
Gluten-frei	Ohne Ei	Hefe-frei	Milch-frei	Vegan	Weizen-frei	Zucker-frei

DINKELSTRIEZEL

2 Striezel à 500 g 500 g Dinkelvollkornmehl • ca. 200 ml Milch • 40 g Hefe • 150 g Butter • 80 g Honig
5 Eidotter (Eigelb) • etwas abgeriebene Schale einer unbehandelten Zitrone • Prise Salz • Ei zum Bestreichen
gehobelte Mandeln zum Bestreuen

200 g Dinkelmehl in eine Schüssel geben, eine Mulde drücken und mit der auf 30 °C erwärmten Milch und der Hefe zu einem Ansatz (Dampfl) verrühren. 30 Minuten rasten lassen. Dann sämtliche andere Zutaten dazugeben und zu einem Teig verkneten. Den Teig so lange mischen, bis er sich von der Schüssel löst.

30 Minuten ruhen lassen, noch einmal kräftig durchkneten und nach einer weiteren Teigruhe von 30 Minuten aufarbeiten. Den Teig in 3 gleich schwere Stücke teilen und zu ca. 30 cm langen Teigstangen ausrollen. Einen Dreierzopf flechten: abwechselnd den rechten und den linken Teigstrang über den jeweiligen mittleren legen. Mit Ei bestreichen und mit gehobelten Mandeln bestreuen.
In die viereckige, mit zerlassener Butter bestrichene und mit gehobelten Mandeln ausgestreute Kuchenform setzen und nach einer Teigruhe von ca. 30 Minuten im auf 170 °C vorgeheizten Ofen ca. 40 Minuten goldgelb backen.

Etwas auskühlen lassen. Aus der Form nehmen.

Tipp

Dinkelstriezel eignet sich besonders fürs Wochenendfrühstück.

Backtemperatur: 170 °C
Backzeit: 40 Minuten

Glutenfrei	Ohne Ei	Hefefrei	Milchfrei	Vegan	Weizenfrei	Zuckerfrei
					X	X

BRIOCHESTRIEZEL AUS KAMUTVOLLKORNMEHL

2 Striezel à 450 g 40 g Hefe • Prise Salz • ca. 250 ml Milch (25 °C) • 500 g fein gemahlenes Kamutvollkornmehl • 80 g Honig • 4 Eidotter (Eigelb) • etwas abgeriebene Schale einer unbehandelten Zitrone
150 g Butter • Ei zum Bestreichen • gehackte Mandeln zum Bestreuen

Hefe und Salz in Milch auflösen und mit den restlichen Zutaten (außer der Butter) zu einem mittelfesten Teig vermengen. Die Butter erst im letzten Drittel des Mischens dazugeben. Den Teig so lange mischen, bis er sich von der Schüssel löst.

30 Minuten ruhen lassen und danach den Teig aufarbeiten und in 6 gleich große Stücke teilen. Die Teigstücke zu gleich lang verlaufenden Teigstangen (20 cm) ausrollen und 2 Dreierzöpfe flechten.

Auf ein befettetes Backblech legen, mit Ei bestreichen und mit gehackten Mandeln bestreuen. Ca. 40 Minuten stehen lassen und anschließend bei 170 °C in den vorgeheizte Backofen geben.

Backtemperatur: 170 °C
Backzeit: 30–40 Minuten

Tipp

Durch das Kamutvollkornmehl bekommt der Striezel einen besonders feinen, nussigen Geschmack. Ideal auch zum Einfrieren und Schnellauftauen, wenn einmal unerwarteter Besuch kommt.

					✕	✕
Glutenfrei	Ohne Ei	Hefefrei	Milchfrei	Vegan	Weizenfrei	Zuckerfrei

OSTERPINZEN

Ca. 7 Stück à 400 g 300 g Butter • 150 g Honig • 15 g Salz • etwas Zitronensaft • 6 ganze Eier 4 Eidotter (Eigelb) • ca. 500 ml Milch • 80 g Hefe • 1 kg Weizenvollkornmehl • 350 g geriebene Mandeln 200 g Rosinen in 100 ml Rum eingeweicht • Ei zum Bestreichen

Butter mit Honig, Salz und Zitronensaft gut schaumig rühren, die ganzen Eier und die Dotter nach und nach beigeben.

200 ml Milch auf 35 °C erwärmen und mit der Hefe und 200 g Vollkornmehl einen Vorteig (Dampfl) machen. Diesen gut zugedeckt ca. 20 Minuten stehen lassen, dann mit der gerührten Masse, der restlichen Milch, dem restlichen Vollkornmehl und den geriebenen Mandeln zu einem Teig mischen. Zum Schluss werden die in Rum eingeweichten Rosinen untergemischt.

Teig 20 Minuten ruhen lassen, gut ausstoßen, noch einmal 20 Minuten liegen lassen und aufarbeiten. Ca. 7 Teigstücke von 400 g abwägen, rundwirken und auf befettete Bleche setzen. Nach kurzer Gärzeit (15 Minuten) mit Ei bestreichen und in einen kühlen Raum zum Trocknen stellen.

Wenn die Teigstücke abgetrocknet sind, abermals mit Ei bestreichen, mit der Schere von der Mitte gegen den Rand drei tiefe Schnitte einschneiden und im auf 180 °C vorgeheizten Ofen ca. 35 Minuten backen. Wassergefäß dazustellen.

Tipp

Früher wurden die Brauchtumsgebäcke nur aus sehr einfachem Teig hergestellt, meist nur aus Vollmehl, Wasser, Salz, etwas Hefe, und vielleicht wurden als Süßungsmittel getrocknete Birnen dazugegeben. Inzwischen hat bei Rezepten für Brauchtumsgebäck ein Wandel stattgefunden. Genauso wie sich der Wohlstand der Menschen gehoben hat, haben sich die Zutaten dieses teils aus dem Aberglauben entstandenen Gebäcks verfeinert.

Backtemperatur: 180 °C
Backzeit: 35 Minuten

						✕
Gluten-frei	Ohne Ei	Hefe-frei	Milch-frei	Vegan	Weizen-frei	Zucker-frei

Adventstollen

3 Stollen à 600 g 30 g Hefe • 500 g Kamutvollkornmehl • 200 ml Milch • 100 g Honig • 10 g Salz 250 g Butter • 3 g Zimt • 3 g Kardamom • 1 kleine Messerspitze geriebene Muskatblüte • abgeriebene Schale einer unbehandelten Zitrone • 250 g Rosinen, 150 g ganze Haselnüsse und 150 g gehackte Mandeln in 150 ml Rum eingeweicht • Ei zum Bestreichen • gehobelte Mandeln

Aus Hefe, der auf 35 °C erwärmten Milch und 200 g Kamutmehl einen Vorteig (Dampfl) machen. 30 Minuten gehen lassen.

Mit den übrigen Zutaten, einschließlich der Gewürze, zu einem Teig mischen. Den Teig kräftig durchkneten. Am Ende der Mischzeit die in Rum eingeweichten Früchte gut untermischen, 60 Minuten liegen lassen. Teigstücke von je 600 g abwiegen und rundwirken. Zu Stollen formen, mit Ei bestreichen und mit gehobelten Mandeln bestreuen.

Nach einer Gärzeit von 40 Minuten im vorgeheizten Ofen bei einer Temperatur von 175 °C ca. 50–60 Minuten backen.

Backtemperatur: 175 °C
Backzeit: ca. 50–60 Minuten

Tipp

Die üppigen Früchtekuchen und Früchtebrote, die zum Weihnachtsfest gebacken werden, stammen aus der zuckerlosen Zeit, als Honig das einzige Süßmittel war. Getrocknete Früchte gab es in jedem Haushalt, sie wurden je nach Geschmack verwendet. Weißes Mehl war unbekannt, es wurde nur mit Vollmehl gebacken.

					✗	✗
Gluten-frei	Ohne Ei	Hefe-frei	Milch-frei	Vegan	Weizen-frei	Zucker-frei

CHRISTSTOLLEN

6 Stollen à 600 g 400 ml auf 35 °C erwärmte Milch • 60 g Hefe • 1 kg Dinkelvollkornmehl • 200 g Honig 20 g Salz • 500 g Butter • 5 g Zimt • 5 g Kardamom • 1 Messerspitze geriebene Muskatblüten • etwas abgeriebene Schale einer unbehandelten Zitrone • 500 g Rosinen, 300 g Nüsse und 300 g gehackte Mandeln in ca. 300 ml Rum eingeweicht • 100 g Marzipanfülle (Rezept S. 137) • gehobelte Mandeln für die Form und zum Bestreuen • Ei zum Bestreichen

Mit Milch, Hefe und 400 g Dinkelmehl einen Vorteig (Dampfl) machen. 30 Minuten gehen lassen.
Mit den übrigen Zutaten, einschließlich der Gewürze, aber ohne Früchte, zu einem Teig mischen. Den Teig kräftig durchkneten und über Nacht in den Kühlschrank stellen.
Wenn die Hefe langsam reifen kann, entwickelt der Teig einen viel besseren Geschmack und wird auch feinporiger.

Am nächsten Tag die in Rum eingeweichten Früchte gut untermischen. Noch einmal 30 Minuten liegen lassen.
Teigstücke von je 600 g abwiegen, rundwirken und viereckig zu einer Größe von 30 x 20 cm ausrollen. Selbst gemachte Marzipanfülle aufstreichen, zusammenrollen und mit der Naht nach oben in eine befettete, mit gehobelten Mandeln ausgestreute Stollenform legen. Mit Ei bestreichen und mit gehobelten Mandeln bestreuen.

Nach einer Gärzeit von 30 Minuten im vorgeheizten Ofen bei einer Temperatur von 155–165 °C ca. 60 bis 70 Minuten backen.

Tipp

**Christstollen sollen etwa eine Woche lagern, bevor sie angeschnitten werden.
Gut aufbewahrt, bleiben sie wochenlang saftig, am besten in einem Tontopf, mit einem Tuch bedeckt und kellerkühl, oder frieren Sie ihn ein.
Bei Zimmertemperatur langsam auftauen lassen.**

Backtemperatur: 155–165 °C
Backzeit: ca. 60–70 Minuten

	X				X	X
Gluten-frei	Ohne Ei	Hefe-frei	Milch-frei	Vegan	Weizen-frei	Zucker-frei

NUSSROULADE

Ca. 15 Stück à 100 g 100 g sehr fein gemahlenes Weizenvollkornmehl • 80 g Walnüsse • 100 g Honig • 5 Eidotter (Eigelb) • 5 Eiweiß (Eiklar) • 50 g Butter • Saft und abgeriebene Schale von einer unbehandelten Zitrone **Nusscreme** 250 g Butter • 190 g Honig • ca. 250 ml Milch • 60 g Maismehl • 120 g Nüsse • 60 ml Wasser • Ribiselmarmelade zum Bestreichen

Dotter mit ¾ des Honigs, Zitronensaft und -schale schaumig rühren. Eiweiß mit restlichem Honig zu steifem Schnee schlagen. Massen mischen und das mit Walnüssen vermengte Weizenmehl unterheben, zerlassene Butter einrühren. Masse ca. 1 cm hoch auf das mit Backpapier belegte Backblech streichen. Im vorgeheizten Ofen bei ca. 200 °C ca. 10–12 Minuten goldgelb backen.

Backpapier, das etwas größer ist als das Biskuit, auf ein Arbeitsbrett legen, leicht mit Weizenmehl bestauben. Biskuit auf das Papier stürzen. Nach dem Abkühlen Papier vorsichtig abziehen.

Nusscreme: Butter mit 80 g Honig gut schaumig rühren. Milch aufkochen, 40 g Honig und Maismehl einrühren, noch einmal aufkochen, abkühlen lassen und in die Buttercreme einrühren.
Geriebene Nüsse, 70 g Honig und Wasser auf dem Herd heiß abrösten und mit etwas Rum abschmecken. Diese abgeröstete Masse ebenfalls unter die Buttercreme einrühren.

Den ausgekühlten Biskuitfleck dünn mit Ribiselmarmelade bestreichen, die Nuss-Butter-Creme gleichmäßig darüberstreichen und zusammenrollen. Die Roulade mit etwas übrig gebliebener Creme außen dünn bestreichen, mit dem Dressursack Cremetupfen auftragen, mit geriebenen Walnüssen bestreuen und mit halben Nüssen garnieren.

Für 1–2 Stunden in den Kühlschrank geben, aufschneiden und servieren.

Tipp

In der Feinbäckerei werden verschiedene Nüsse verwendet: Walnüsse, Haselnüsse, Pistazien wie auch Kokosnuss, Paranuss, Erdnuss und Muskatnuss. Obwohl im Geschmack verschieden, haben alle einen hohen Fettgehalt, meist über 50 Prozent, und ein ausgeprägtes Aroma. Überdies haben sie einen hohen dekorativen Wert.

Backtemperatur: 200 °C
Backzeit: 10–12 Minuten

		X				X
Gluten-frei	Ohne Ei	Hefe-frei	Milch-frei	Vegan	Weizen-frei	Zucker-frei

KAMUT-DINKEL-BISKUITROULADE

7 Stück à 90 g 5 Eier • 125 g Honig • Prise Salz • etwas abgeriebene Schale einer unbehandelten Zitrone 60 g fein gemahlenes Kamutvollkornmehl • 60 g fein gemahlenes Dinkelvollkornmehl • 200 g Marillenmarmelade (Aprikosenmarmelade) zum Bestreichen • Kokosraspeln oder gehackte Mandeln

Eier, Honig, Salz und Zitronenschale zuerst über heißem Dampf warm aufschlagen, anschließend kalt schlagen. Kamut- und Dinkelmehl vermischen, vorsichtig mit einem Kochlöffel unter die aufgeschlagene Masse heben. Das Backblech mit Trennpapier belegen und die Masse gleichmäßig aufstreichen.

Im vorgeheizten Ofen bei 180–200 °C ca. 12 Minuten backen.

Nach dem Backen den Biskuitfleck sofort vom Backblech nehmen, mit heißer Marillenmarmelade bestreichen und einrollen. Die ausgekühlte Biskuitroulade außen mit Marmelade bestreichen und nach Geschmack mit Kokosraspeln oder gehobelten Mandeln bestreuen.

Backtemperatur: 180–200 °C
Backzeit: 12 Minuten

Tipp

Um eine gute Schnittfestigkeit zu erreichen, die Roulade 1–2 Stunden in den Kühlschrank stellen.

Glutenfrei	Ohne Ei	Hefefrei	Milchfrei	Vegan	Weizenfrei	Zuckerfrei
		×	×		×	×

BANANENROULADE

Ca. 15 Stück à 100 g 5 Eidotter (Eigelb) • 120 g Honig • Saft und abgeriebene Schale von einer unbehandelten Zitrone • 5 Eiweiß (Eiklar) • 30 g Kakao • 130 g sehr fein gemahlenes Dinkelvollkornmehl **Creme** 240 g Butter 140 g Honig • 250 ml Milch • 70 g Maismehl • 2 Eidotter (Eigelb) • ca. 3 Bananen • 1 Gläschen Bananenlikör

Dotter in eine Schüssel geben und mit ¾ der Honigmenge sowie dem Saft einer Zitrone schaumig rühren. Eiweiß mit dem restlichen Honig zu steifem Schnee schlagen.
Beide Massen zusammenmischen, mit Kakao vermengtes Dinkelmehl unterheben.
Die Masse auf das mit Backpapier belegte und mit zerlassener Butter bestrichene Backblech ca. 1 cm hoch aufstreichen.
Im vorgeheizten Ofen bei 200 °C ca. 10–12 Minuten goldgelb backen.

Auf ein Arbeitsbrett Backpapier legen, das etwas größer als der Biskuitfleck ist, und leicht mit Dinkelmehl bestauben. Biskuitfleck auf das Papier stürzen, nach dem Abkühlen das Papier vorsichtig abziehen.

Creme: Butter mit Honig schaumig rühren. Maismehl und Eidotter in die kochende Milch einrühren, noch einmal aufkochen und dann auskühlen lassen. Beide Cremen zusammenmischen, locker verrühren und mit Bananenlikör abschmecken.

Die fertige Creme gleichmäßig auf den Biskuitfleck aufstreichen, etwas zum Dekorieren der Roulade aufheben.
Auf der unteren Seite des Biskuitflecks geschälte Bananen der Länge nach auflegen und einrollen. Die Roulade dünn mit Creme bestreichen, mittels Dressiersack Cremetupfen aufdressieren und mit roten Dekorkirschen belegen.

In den Kühlschrank geben (ca. 1–2 Stunden), dann erst aufschneiden und servieren.

Backtemperatur: 200 °C
Backzeit: ca. 10–12 Minuten

Glutenfrei	Ohne Ei	Hefefrei	Milchfrei	Vegan	Weizenfrei	Zuckerfrei
		X			X	X

VOLLKORNTEEGEBÄCK

Ca. 1,5 kg Teegebäck 600 g fein gemahlenes Dinkelvollkornmehl • 140 g fein gemahlenes Amaranthmehl 480 g Butter • 240 g Honig • 1 Ei • Vanille • ca. 10 ml Zitronensaft • 1 Ei zum Bestreichen • 100 g Nüsse, Sesam oder Kokosraspeln zum Bestreuen • ca. 30 g Marmelade • Schokolade zum Eintauchen

Alle Zutaten mischen und zu einem Mürbteig kneten. Vorsicht: Alle Zutaten müssen bei Zimmertemperatur verarbeitet werden (20–25 °C)! Die Butter darf auf keinen Fall zu fest oder zu weich sein. Wenn alle Zutaten vermischt und keine Farbunterschiede im Teig erkennbar sind, noch ca. ½–1 Minute weiterkneten. Mürbteige nie zu lange kneten! Danach den Teig 2 Stunden in den Kühlschrank stellen, damit er sich besser ausrollen lässt.

Anschließend den Mürbteig mit einem Rollholz ca. 2–4 mm dick ausrollen.

Mit verschiedenen Formen Kekse ausstechen, mit Ei bestreichen und mit Sesam, Nüssen oder Kokosraspeln bestreuen.

Bei 160 °C ca. 10–15 Minuten backen. Anschließend mit Marmelade zusammensetzen oder in Schokolade tauchen.

Backtemperatur: 160 °C
Backzeit: 10–15 Minuten

Glutenfrei	Ohne Ei	Hefefrei	Milchfrei	Vegan	Weizenfrei	Zuckerfrei
		X			X	X

Dinkelteegebäck

Ca. 600 g Ca. 300 g Dinkelvollkornmehl • 200 g Butter • 150 g Honig • Prise Salz • etwas abgeriebene Schale einer unbehandelten Zitrone **Garnierung** gehackte Nüsse

Dinkelmehl auf ein Arbeitsbrett geben, eine Mulde drücken, sämtliche Zutaten hineingeben und kurz zu einem Teig zusammenwirken, in eine Schüssel geben und zugedeckt ca. 3 Stunden im Kühlschrank ruhen lassen.

Nach der Ruhezeit den Teig auf einer bemehlten Arbeitsfläche mit dem Rollholz ca. 3 mm dick ausrollen. Formen nach Belieben ausstechen, auf ein mit Trennpapier ausgelegtes Backblech setzen. Mit Wasser betupfen und mit gehackten Nüssen bestreuen, im vorgeheizten Rohr bei 170 °C backen.

Backtemperatur: 170 °C
Backzeit: ca. 10–12 Minuten

	X	X			X	X
Gluten-frei	Ohne Ei	Hefe-frei	Milch-frei	Vegan	Weizen-frei	Zucker-frei

GESPRITZTES TEEGEBÄCK

Ca. 600 g 220 g Butter • 100 g Honig • Prise Salz • Saft und abgeriebene Schale einer unbehandelten Zitrone • 1 Ei • 300 g Dinkelvollkornmehl **Fülle** Marillenmarmelade (Aprikosenmarmelade)

Butter in eine Schüssel geben und mit Honig, Salz, Schale und Saft der Zitrone schaumig rühren. Das Ei gut unterrühren, Dinkelmehl einmelieren.

Die Masse in einen Dressiersack mit Sterntülle einfüllen und kleine Rosetten auf das mit zerlassener Butter bestrichene und mit Dinkelmehl bestaubte Backblech dressieren.
Im vorgeheizten Ofen bei 190 °C licht backen.

Die Rosetten sollen einen dunkleren Rand bekommen.

Nach dem Auskühlen mit erhitzter Marillenmarmelade zusammensetzen.

Backtemperatur: 190 °C
Backzeit: 10–12 Minuten

		X			X	X
Gluten-frei	Ohne Ei	Hefe-frei	Milch-frei	Vegan	Weizen-frei	Zucker-frei

Mürbteigmakronen

Ca. 1,2 kg 350 g Weizenvollkornmehl • 240 g Butter • 120 g Honig • 2 Eidotter (Eigelb) etwas abgeriebene Schale einer unbehandelten Zitrone **Makronenmasse** 200 g geriebene Mandeln • 175 g Honig • 3 Eiweiß (Eiklar) • etwas abgeriebene Schale einer unbehandelten Zitrone **Garnierung** kandierte Kirschen

Weizenmehl auf ein Arbeitsbrett häufen, Butter, Honig, Dotter und abgeriebene Zitronenschale dazugeben und zu einem Mürbteig mischen. Den Teig ca. 1 Stunde im Kühlschrank rasten lassen.

Die Zutaten für die Makronenmasse unter ständigem Rühren auf schwacher Flamme zu einer dressierfähigen Masse vermischen.

Den Mürbteig auf dem Arbeitsbrett 3 mm dick ausrollen, mit einem Ausstecher runde Kekse (Durchmesser: 3 cm) ausstechen.

Makronenmasse auf die runden Kekse dressieren.
Kandierte Kirschen waschen und die Rosetten belegen.

Auf einem mit zerlassener Butter bestrichenen Backblech im vorgeheizten Ofen bei 170 °C backen.

Tipp

Damit die Makronen gut gelingen, müssen die Mandeln sehr fein gemahlen sein und die Makronenmasse beim Erwärmen bei schwacher Hitze schaumig gerührt werden.
Sollte die Masse zu fest werden und nicht mehr dressierfähig sein, kann man Eiweiß untermischen.

Backtemperatur: 170 °C
Backzeit: 12 Minuten

Gluten-frei	Ohne Ei	Hefe-frei	Milch-frei	Vegan	Weizen-frei	Zucker-frei
		X				X

MANDELSPEKULATIUS

Ca. 20 Kekse à 60 g 250 g Butter • 300 g Honig • 100 g Marzipanfülle (Rezept S. 137) • 1 Ei • 20 g Zimt
1 Messerspitze Kardamom • 1 Messerspitze Gewürznelken • 1 Messerspitze Muskatblüte • Prise Salz
ca. 500 g Weizenvollkornmehl • Ei zum Bestreichen

Verschiedene lustige Ausstechformen herrichten, die es im Spezialgeschäft zu kaufen gibt.

Die Butter mit Honig und der Marzipanfülle verkneten. Ei, Zimt, Kardamom, Gewürznelken, Muskatblüte, Salz und Weizenmehl unterheben.

Den Teig 2 Stunden im Kühlschrank ruhen lassen.

Auf dem bemehlten Arbeitsbrett ausrollen. Teigstreifen abschneiden und in die bestaubten Formen drücken. Nun den überstehenden Teig entlang der Formen abschneiden, sodass nur die Vertiefungen ausgefüllt sind.

Die Teigfiguren durch kräftiges Schlagen auf die mit zerlassener Butter bestrichenen und mit Weizenmehl bestaubten Backbleche stürzen, dünn mit Ei bestreichen und im vorgeheizten Ofen bei 190 °C backen.

Nach dem Auskühlen die »lustigen« Spekulatius auf bunten Bändern aufhängen.

Tipp

Kardamom ist ein uraltes Heilgewürz. Sein Duft kündigt Weihnachten an. Neben der Weihnachtsbäckerei, in Pfefferkuchen und Honigkuchen wird er in Curry-Mischungen verwendet.

Backtemperatur: 190 °C
Backzeit: 12 Minuten

		X				X
Gluten-frei	Ohne Ei	Hefe-frei	Milch-frei	Vegan	Weizen-frei	Zucker-frei

HIRSEBUSSERLN (-KÜSSCHEN) MIT KAMUTVOLLKORNMEHL

Ca. 1,4 kg 500 g Butter • 270 g Honig • 4 Eier • 1 Teelöffel Zitronensaft • 330 g Hirseflocken • 230 g fein gemahlenes Kamutvollkornmehl • 110 g fein gehackte Nüsse

Alle Zutaten werden bei Zimmertemperatur (20 °C) verarbeitet. Butter 1–2 Stunden vorher aus dem Kühlschrank nehmen.

Butter mit Honig in der Küchenmaschine oder mit einem Handmixer vorsichtig vermischen. Langsam die verquirlten Eier dazugeben. So lange aufschlagen, bis ein deutlicher Volumenzuwachs erzielt wurde (6–8 Minuten), dann Zitronensaft beigeben.
Hirseflocken, Kamutmehl, gehackte Nüsse trocken vermischen und anschließend mit einem Kochlöffel unter die aufgeschlagene Fettmasse heben.
Die Hirsemasse mit einem Dressiersack auf befettete Backbleche dressieren und mit Hirseflocken bestreuen.

Bei 170 °C ca. 14–18 Minuten backen und sofort vom Backblech geben.

Backtemperatur: 170 °C
Backzeit: ca. 14–18 Minuten

		X			X	X
Glutenfrei	Ohne Ei	Hefefrei	Milchfrei	Vegan	Weizenfrei	Zuckerfrei

BUTTERNÜSSCHEN

Ca. 950 g 400 g Butter • 100 g Honig • ½ geriebene Vanilleschote • 20 ml Rum • 400 g Dinkelvollkornmehl
50 g Sojamehl • 10 g Backpulver

Die Butter bei schwacher Hitze schmelzen und leicht bräunen, abkühlen lassen und mit Honig, Vanille und Rum schaumig rühren. Dinkelmehl mit Sojamehl und Backpulver gut vermischen und unterkneten.

Den Teig 2 Stunden kühl stellen. Teig in kleine Stücke teilen und »Nüsschen« formen.

Auf befettetes Backblech setzen und im vorgeheizten Rohr bei 190 °C hellbraun backen.

Backtemperatur: 190 °C
Backzeit: 14 Minuten

Tipp

Ein Gebäck, das auf der Zunge zergeht! Wer kennt nicht die Sucht, die einen befällt, wenn man einmal hingegriffen hat, und man isst so lange, bis das letzte Nüsschen – heimlich oder unheimlich – verschlungen wurde.

Glutenfrei	Ohne Ei	Hefefrei	Milchfrei	Vegan	Weizenfrei	Zuckerfrei
	X	X			X	X

Lebkuchen aus Dinkelvollkornmehl

Ca. 20 Lebkuchen à 50 g 420 g Honig • 450 g fein gemahlenes Dinkelvollkornmehl • 150 g gehobelte Mandeln • Saft einer Zitrone • 50 g Aranzini • 10 g Zimt • 4 g Pottasche • 6 g Ammonium • 1 Ei zum Bestreichen • Mandeln, Nüsse, Kirschen zum Belegen

Honig bis kurz vor dem Siedepunkt erhitzen, gut auskühlen lassen und mit allen anderen Zutaten zu einem festen Teig mischen.

Lebkuchenteig für ca. 2–3 Stunden in den Kühlschrank geben. Lebkuchenteig auf einer Arbeitsplatte ca. 5 mm dick ausrollen.
Dieser Teig eignet sich für alle möglichen Ausstechformen (Sterne, Ringe, Figuren usw.).

Die ausgestochenen Lebkuchenstücke werden auf ein Backblech mit Trennpapier gesetzt, mit verquirltem Ei bestrichen und je nach Wunsch mit gehobelten Mandeln bestreut oder mit Nüssen oder Kirschen belegt.

Backtemperatur: 170 °C
Backzeit: ca. 9–12 Minuten

Tipp

Diesen Lebkuchen können Sie auch als Christbaumbehang verwenden, indem Sie vor dem Backen kleine Löcher in Ihre Lebkuchenformen stanzen.

		X	X		X	X
Glutenfrei	Ohne Ei	Hefefrei	Milchfrei	Vegan	Weizenfrei	Zuckerfrei

SANDPLÄTZCHEN

Ca. 750 g 300 g Einkornvollkornmehl • 200 g Butter • 140 g Honig • etwas Salz • etwas abgeriebene Schale einer unbehandelten Zitrone • Ei zum Bestreichen **Garnierung** Marillenmarmelade (Aprikosenmarmelade) • gemahlene Haselnüsse

Einkornmehl auf ein Arbeitsbrett geben, eine Mulde drücken, alle übrigen Zutaten dazugeben und rasch zu einem Teig mischen. Den Teig zu einer ca. 3 cm dicken Stange rollen und zum Absteifen 2 Stunden in den Kühlschrank geben.

Stangen mit Ei bestreichen, in gemahlenen Haselnüssen wälzen und in 5 mm dicke Scheiben schneiden. Auf das mit zerlassener Butter bestrichene Backblech setzen, die Oberfläche mit etwas Ei betupfen, in der Mitte mit einem Kochlöffelstiel eine kleine Vertiefung eindrücken.

Marillenmarmelade in einen Dressiersack mit dünner Tülle geben, in die Vertiefung einfüllen und im vorgeheizten Ofen bei 190 °C goldgelb backen.

Backtemperatur: 190 °C
Backzeit: 12 Minuten

Tipp

Die Butter für den Sandplätzchenteig sollte kalt sein. Ist sie zu weich, verliert der Teig die Bindung und bekommt eine bröckelige Beschaffenheit. Sollte dies trotz allem einmal passieren, kann man dem Teig mit etwas Eiweiß wieder einen gewissen Zusammenhalt geben.

		X			X	
Gluten-frei	Ohne Ei	Hefe-frei	Milch-frei	Vegan	Weizen-frei	Zucker-frei

HONIGPLÄTZCHEN

Ca. 850 g 190 g Dinkelvollkornmehl • 200 g Honig • 5 Eidotter (Eigelb) • 5 Eiweiß (Eiklar) • 60 g geriebene Nüsse • 100 g gehackte Nüsse • 100 g Rosinen • 1 Messerspitze Backpulver • Saft einer halben Zitrone Prise Salz **Garnierung** halbierte, geschälte Mandeln

Dinkelmehl mit Backpulver, geriebenen und gehackten Nüssen und Rosinen mischen. Eidotter mit ¾ der Honigmenge und Zitronensaft gut schaumig rühren.
Eiweiß mit restlichem Honig und Prise Salz zu steifem Schnee schlagen und unter die Dotter-Honig-Masse heben. Zuletzt das abgemischte Vollmehl langsam einmengen.
Mit dem Dressiersack mit großer, glatter Tülle auf die mit zerlassener Butter bestrichenen und mit Dinkelmehl bestaubten Backbleche Plätzchen von 3 cm Durchmesser dressieren.

Die Plätzchen mit je einer halben Mandel garnieren und im vorgeheizten Ofen bei einer Temperatur von 170 °C ca. 12 Minuten backen.

Nach dem Backen etwas auskühlen lassen.

Backtemperatur: 170 °C
Backzeit: ca. 12 Minuten

Gluten-frei	Ohne Ei	Hefe-frei	Milch-frei	Vegan	Weizen-frei	Zucker-frei
			✗		✗	✗

DINKEL-VANILLEKIPFERLN

Ca. 1,3 kg 400 g Dinkelvollkornmehl • 300 g geschälte, gemahlene Mandeln • 300 g Honig • 300 g Butter
3 geriebene Vanilleschoten • 3 Eidotter (Eigelb)

Dinkelmehl, Mandeln, Honig, Butter und gemahlene Vanilleschoten mit den Eidottern verrühren und zu einem Teig mischen. Gut, aber nicht zu lange durchkneten. 2 Stunden kühl stellen.

Teig in kleine Stücke teilen und daraus kleine Kipferln (Hörnchen) formen, auf Backbleche setzen und im vorgeheizten Ofen bei 180 °C backen.

Backtemperatur: 180 °C
Backzeit: 12 Minuten

Tipp

Vanillekipferln sind ein sehr mürbes Gebäck und zerbrechen leicht. Sparen Sie aber trotzdem nicht mit der Butter.

Gluten-frei	Ohne Ei	Hefe-frei	Milch-frei	Vegan	Weizen-frei	Zucker-frei
		X			X	X

DINKEL-MANDELKEKSE

Ca. 2 kg 700 g Dinkelvollkornmehl • 450 g Butter • 500 g feiner Vollrohrzucker • 80 ml Wasser 250 g fein geriebene Mandeln • 12 g gemahlener Zimt • 12 g Lebkuchengewürz • etwas abgeriebene Schale einer unbehandelten Zitrone • Mark einer Vanilleschote • geriebene Mandeln zum Bestreuen

Dinkelmehl auf ein Arbeitsbrett geben, eine Mulde drücken, alle übrigen Zutaten dazugeben, rasch einen Teig kneten und ca. 4–5 Stunden im Kühlschrank ruhen lassen.

Den Teig ca. 4 mm dick ausrollen. Beliebige Formen ausstechen und auf Backpapier setzen. Mit Wasser bestreichen und mit geriebenen Mandeln bestreuen.
Bei ca. 165 °C ca. 10–11 Minuten goldgelb backen.

Backtemperatur: ca. 165 °C
Backzeit: ca. 10–11 Minuten

	X	X			X	
Gluten-frei	Ohne Ei	Hefe-frei	Milch-frei	Vegan	Weizen-frei	Zucker-frei

Zimtsterne

Ca. 23 Kekse à 100 g 500 g fein geriebene Mandeln • 250 g fein geriebene Haselnüsse • 1,2 kg feiner Vollrohrzucker • 180 g faschierte Aranzini • 30 g Zimt • 6 Eiweiß (Eiklar) • Kokosraspeln zum Bestreuen

Alle Zutaten mit der Küchenmaschine zu einem eher festen und kompakten Teig mischen. Zugedeckt ca. 3–5 Stunden im Kühlschrank rasten lassen.

Sollte der Teig etwas zu kompakt sein, mit Eiklar regulieren.

Den Zimtsterneteig ca. 5 mm dick ausrollen, Sternchen beliebiger Größe ausstechen. Die Sternchen auf Backpapier legen, mit Wasser leicht bestreichen und etwas mit Kokosraspeln bestreuen.

Je nach Größe die Zimtsterne zwischen 15–20 Minuten backen.

Nach dem Backen auf dem Backpapier auskühlen lassen, vorsichtig lösen und in einer Keksdose aufbewahren.

Backtemperatur: 165 °C
Backzeit: je nach Größe 15–20 Minuten

Tipp

Zimtsterne sind zur Advent- und Weihnachtszeit meine Lieblingskekse. Mit einem Loch und einem Band eignen sich die Sterne auch als duftender Christbaumschmuck.

X		X	X		X	
Gluten-frei	Ohne Ei	Hefe-frei	Milch-frei	Vegan	Weizen-frei	Zucker-frei

BIO-DINKELLINZERTORTE

1 Torte mit 600 g 120 g zimmerwarme Butter • 120 g Honig • Mark einer Vanilleschote • etwas abgeriebene Schale einer unbehandelten Zitrone • 2 kleine Eier • 160 g Dinkelvollkornmehl • 90 g geriebene Haselnüsse • 15 g Dinkelbrösel (Dinkel-Paniermehl) • 3 g Zimt • 5 g Backpulver • ca. 80 g Mehrfrucht-marmelade zum Bestreichen • Butter für die Tortenform

Butter, Honig, Vanillemark und Zitronenschale unter langsamer Zugabe der Eier ca. 5–7 Minuten aufschlagen. Dinkelmehl, Haselnüsse, Brösel, Zimt und Backpulver gut vermischen und vorsichtig unter die Masse ziehen.
Ca. ¾ der Linzermasse in eine befettete Tortenform gleichmäßig einstreichen.

Mit Marmelade bestreichen. Die restliche Linzermasse in einen Dressiersack füllen und das typische Linzertortengitter aufdressieren.

Im vorgeheizten Backofen backen.

Backtemperatur: ca. 165–175 °C
Backzeit: 45–55 Minuten

		X			X	
Gluten-frei	Ohne Ei	Hefe-frei	Milch-frei	Vegan	Weizen-frei	Zucker-frei

KAMUTKEKSE

Ca. 1,4 kg 700 g Kamutvollkornmehl • Prise Salz • 450 g Butter • 250 g Bio-Vollrohrzucker • 40 ml Wasser etwas abgeriebene Schale einer unbehandelten Zitrone • Mark einer Vanilleschote

Alle Zutaten wie bei einem Mürbteig zusammenmischen und ca. 4–5 Stunden im Kühlschrank rasten lassen.

Den Teig ca. 3 mm dünn ausrollen, mit beliebigen Formen ausstechen und auf Backpapier setzen. Leicht mit Wasser bestreichen und im vorgeheizten Ofen bei einer Temperatur von 165 °C ca. 8–10 Minuten backen.

Nach dem Backen etwas auskühlen lassen.

Backtemperatur: 165 °C
Backzeit: ca. 8–10 Minuten

Tipp

Durch die Kombination aus Kamutvollkornmehl und Vollrohrzucker bekommen unsere Kekse einen einzigartigen, karamelligen Geschmack.

	X	X			X	
Gluten-frei	Ohne Ei	Hefe-frei	Milch-frei	Vegan	Weizen-frei	Zucker-frei

TOPFENOBERSCREMETORTE

2 Torten mit à 24 cm Durchmesser 4 Eier • 120 g Honig • Prise Salz • 1 Esslöffel hochwertiges Öl 130 g Dinkelvollkornmehl • 1 Messerspitze Backpulver • Mark einer halben Vanilleschote • abgeriebene Schale einer unbehandelten Zitrone **Topfenoberscreme** 500 g feinen Topfen (Quark) • 150 g Honig • Saft und Schale einer unbehandelten Zitrone • Prise Salz • Mark einer Vanilleschote • 8–10 Blatt Gelatine • 3 Esslöffel Wasser oder Rum • 500 ml geschlagenes Schlagobers (Sahne) **Fertigstellung** 250 ml geschlagenes Schlagobers (Sahne)

Eier trennen und Eiklar mit Honig und Salz 6–8 Minuten schaumig rühren. Vanillemark sowie den Zitronenabrieb untermischen. Öl mit den Dottern verrühren und unter die Schneemasse locker einrühren. Das Mehl mit dem Backpulver mischen und vorsichtig unter die Masse ziehen.
Die Tortenformen mit Backtrennpapier auslegen und die Masse einfüllen, glatt streichen und im vorgeheizten Backofen bei ca. 165–175 °C ca. 9–12 Minuten goldgelb backen. Auskühlen lassen und aus der Form nehmen.

Für die Creme Topfen und Honig schaumig rühren. Salz, Zitronenabrieb, Vanillemark und den Zitronensaft der Reihe nach dazugeben und glatt rühren. Gelatine in wenig Wasser ca. 20 Minuten einweichen. Danach eingeweichte Gelatine etwas erhitzen (nicht zu heiß), bis sich die Gelatine komplett aufgelöst hat. Leicht überkühlen lassen und sofort unter die Topfenmasse rühren. Zum Schluss das steif geschlagene Schlagobers locker unterheben.

2 Tortenreifen mit Trennpapier auslegen und die beiden Biskuitböden einlegen. (Eventuell mit einem fruchtigen Likör befeuchten oder mit Marmelade nach Wahl dünn bestreichen.) Die Topfenmasse einfüllen und glatt streichen.

Die Torten für 3–4 Stunden in den Kühlschrank stellen, aus der Tortenform vorsichtig herausnehmen und mit dem geschlagenen Schlagobers rundherum dünn bestreichen.

Tipp

Diese erfrischende Torte ist eine besondere Gaumenfreude auf jedem Festtagstisch.

Backtemperatur: ca. 165–175 °C
Backzeit: 9–12 Minuten

Gluten-frei	Ohne Ei	Hefe-frei	Milch-frei	Vegan	Weizen-frei	Zucker-frei
		X			X	X

VOLLKORN-DINKELSACHERTORTE

14 Stück 160 g Butter • 240 g Honig • 6 Eidotter (Eigelb) • 160 g Schokolade • 6 Eiweiß (Eiklar) 160 g Dinkelvollkornmehl **Glasur** 150 g Marillenmarmelade (Aprikosenmarmelade) • 200 g Honig ca. 250 g Schokolade • 50 ml Wasser

Tortenform mit einem Durchmesser von 24 cm mit einem Papierrand umschlagen.

Butter in eine Schüssel geben und mit ¾ des Honigs schaumig rühren, nach und nach Dotter dazugeben und gut einrühren. Zum Schluss die erwärmte Schokolade kurz einrühren. Eiweiß mit restlichem Honig zu steifem Schnee schlagen. Beide Massen vermischen und das fein gemahlene Mehl vorsichtig einrühren. Die Masse darf auf keinen Fall zu fest sein, sie soll eine weiche, lockere Konsistenz aufweisen.

In den vorbereiteten Tortenreifen abfüllen und im vorgeheizten Ofen bei 160–170 °C ca. 50 Minuten backen. Nach dem Backen gut auskühlen lassen.

Die Sachertorte am besten einen Tag vor dem Servieren backen. Einmal in der Mitte waagrecht durchschneiden, mit Marillenmarmelade füllen und wieder zusammensetzen. Die Oberfläche mit heißer Marillenmarmelade dünn bestreichen.

Glasur: Honig, Schokolade und Wasser unter ständigem Rühren auf ca. 45–50 °C erwärmen. Die aprikotierte Torte mit der weichen Glasur ganz dünn überziehen und erstarren lassen. Nachdem die Glasur gut getrocknet ist, mit einem in heißes Wasser getauchten Messer portionieren.

Backtemperatur: 160–170 °C
Backzeit: 50 Minuten

		X			X	
Gluten-frei	Ohne Ei	Hefe-frei	Milch-frei	Vegan	Weizen-frei	Zucker-frei

MOHNTORTE

1 Torte mit 24 cm Durchmesser 250 g geriebener Mohn • 70 g Kamutvollkornmehl • 180 g Butter 200 g Honig • etwas abgeriebene Schale einer unbehandelten Zitrone • 8 Eidotter (Eigelb) • 8 Eiweiß (Eiklar) • 70 g Aranzini, 70 g Rosinen in 70 ml Rum eingeweicht • **Garnierung** 100 g Marzipanfülle (Rezept S. 137) • 50 g Marillenmarmelade (Aprikosenmarmelade) • gehobelte, geröstete Mandeln • Kakao

Tortenform mit einem Durchmesser von 24 cm mit einem Papierrand umschlagen.

Mohn und Kamutmehl vermischen. Butter in eine Schüssel geben und mit ¾ der Honigmenge und der Zitronenschale schaumig rühren. Die Eidotter langsam dazugeben und verrühren. Eiweiß mit restlichem Honig zu steifem Schnee schlagen.
Mit der Schneerute zuerst etwas Schnee unter die Butter-Dotter-Mischung ziehen, dann mit einem Kochlöffel die Mohn-Mehl-Mischung und den restlichen Schnee zu einer glatten Masse vermischen. Zuletzt die in Rum eingeweichten Aranzini und Rosinen untermischen.

Die Masse in die Tortenform einfüllen und bei 160 °C etwa 50 Minuten backen.

Nach dem Auskühlen aus der Tortenform herausnehmen und die Oberfläche und den Rand mit Marillenmarmelade bestreichen.

Mit einem Dressiersack (ganz dünne Tülle) die Marzipanfülle gitterförmig in die Mitte der Oberfläche der Torte spritzen (einen Kreis von 15 cm Durchmesser).

Den Rand der Torte mit gehobelten, gerösteten Mandeln bestreuen und mit Kakao leicht besieben.

Backtemperatur: 160 °C
Backzeit: ca. 50 Minuten

Glutenfrei	Ohne Ei	Hefefrei	Milchfrei	Vegan	Weizenfrei	Zuckerfrei
		X			X	X

NUSSTORTE

1 Torte mit 24 cm Durchmesser 6 Eidotter (Eigelb) • 200 g Honig • Saft und abgeriebene Schale von einer unbehandelten Zitrone • 6 Eiweiß (Eiklar) • 70 g Weizenvollkornmehl • 150 g geriebene Haselnüsse **Nusscreme** 100 g geriebene Haselnüsse • 3 Gelatineblätter • 30 g Honig • 50 ml Rum • 350 ml Schlagobers (Sahne) • 120 ml Wasser **Garnierung** 100 g geriebene Haselnüsse • halbe Walnüsse

Gelatineblätter in kaltem Wasser einweichen.

Eidotter mit ¾ der Honigmenge, Schale und Saft der Zitrone schaumig rühren. Eiweiß mit restlichem Honig zu steifem Schnee schlagen und vorsichtig unter die Masse heben. Zuletzt Weizenmehl mit geriebenen Haselnüssen mit der Masse vermengen.

Tortenform mit einem Papierrand umschlagen, Teig einfüllen und im vorgeheizten Ofen bei 170 °C ca. 45 Minuten backen.

Nach dem Auskühlen die Torte zweimal durchschneiden.

Nusscreme: Honig mit 120 ml Wasser ca. 3 Minuten aufkochen. Gelatineblätter ausdrücken, Rum beigeben und einrühren, Nüsse dazugeben und noch einmal aufkochen.
Auskühlen lassen, geschlagenes Schlagobers locker einrühren.

Torte mit ca. ¾ der Creme füllen, mit dem Rest Rand und Oberfläche bestreichen. Dann den Rand mit geriebenen Haselnüssen bestreuen. Die Oberfläche mit Torteneinteiler markieren, eventuell mit etwas Creme verzieren und mit halben Walnusskernen garnieren.

Zum Absteifen in den Kühlschrank geben, dann aufschneiden.

Tipp

Am besten einen Tag vor dem Verzehr backen.

Backtemperatur: 170 °C
Backzeit: ca. 45 Minuten

Glutenfrei	Ohne Ei	Hefefrei	Milchfrei	Vegan	Weizenfrei	Zuckerfrei
		✕				✕

KAROTTENTORTE

1 Torte mit 24 cm Durchmesser, ca. 12–16 Stück 5 Eidotter (Eigelb) • 110 g Honig • Prise Salz
Mark einer Vanilleschote • abgeriebene Schale einer unbehandelten Zitrone • 5 Eiweiß (Eiklar)
100 g Vollrohrzucker • 170 g geriebene Mandeln • 130 g Dinkelvollkornmehl • 2 g Backpulver
200 g fein geriebene Karotten • Marmelade nach Geschmack

Dotter und Honig ca. 5 Minuten schaumig rühren. Dazu kommen Salz, Vanillemark und Zitronenabrieb. Eiweiß mit Vollrohrzucker zu festem Schnee schlagen. Mandeln mit Mehl und Backpulver mischen.
Eine Teigkarte voll Schnee unter die Dottermasse rühren, dann die Karotten und das Mehlgemisch abwechselnd vorsichtig einrühren. Zum Schluss den restlichen Schnee locker unterheben.

Tortenform mit Backtrennpapier auslegen und die Masse in die Tortenform einfüllen, bei ca. 165–170 °C etwa 45–50 Minuten backen.

Nach dem Auskühlen die Torte aus der Form nehmen, einmal durchschneiden und mit Marmelade nach Geschmack füllen.

Backtemperatur: 165–170 °C
Backzeit: ca. 45–50 Minuten

Tipp

Die Karottentorte ist eine vitaminreiche, süße Verführung und bei Kindern sehr beliebt.

Glutenfrei	Ohne Ei	Hefefrei	Milchfrei	Vegan	Weizenfrei	Zuckerfrei
✗	✗	✗	✗	✗	✗	✗

VOLLKORNTEEKUCHEN

12 Stück 120 g Butter • 140 g Zucker • 3 Eidotter (Eigelb) • 150 g Gemisch aus Rosinen, Zitronat, Nüssen, Aranzini, kandierten Früchten, Schokolade • Saft und abgeriebene Schale einer halben unbehandelten Zitrone 140 g fein gemahlenes Dinkelvollkornmehl • 1 Messerspitze Backpulver • 3 Eiweiß (Eiklar) • 60 g gepoppter Amaranth (Im guten Reformhaus erhältlich. Gepoppter Amaranth hat die Größe eines ½ Weizenkorns.)

Butter, Zucker und Dotter sehr schaumig rühren. Das in Mehl gewälzte, gehackte Früchtegemisch mit Zitronensaft und Schale einrühren. Eiweiß zu festem Schnee schlagen.
Das mit Backpulver versiebte Mehl mit gepopptem Amaranth und dem Eischnee vorsichtig in die Masse einrühren.

In eine befettete, bemehlte Kastenform füllen. Im vorgeheizten Backofen bei 170 °C ca. 40 Minuten backen.

Backtemperatur: 170 °C
Backzeit: 40 Minuten

		✕			✕	
Gluten-frei	Ohne Ei	Hefe-frei	Milch-frei	Vegan	Weizen-frei	Zucker-frei

Erdbeer-Topfenkuchen

Ca. 15 Stück à 150 g 250 g Dinkelvollkornmehl • 130 g Butter • 150 g Honig • 1 Eidotter (Eigelb)
Topfenfülle 250 g Topfen (Quark) • 100 g Honig • abgeriebene Schale von zwei unbehandelten Zitronen
4 Eier • 60 g Maismehl • 250 ml Schlagobers (Sahne) • 500 g Erdbeeren • 200 g Erdbeermarmelade

Erdbeeren waschen, Springform mit zerlassener Butter ausstreichen.

Dinkelmehl mit Butter, Honig und Eidotter zu einem Mürbteig verkneten.
Eingewickelt in einer Alufolie 2 Stunden im Kühlschrank rasten lassen.

Nach dieser Ruhezeit den Teig ausrollen, gut mit Vollmehl stauben und den Boden und Rand der Springform damit auslegen. Den Boden mehrmals mit einer Gabel einstechen (stupfen) und die ausgelegte Form bei einer Temperatur von 200 °C ca. 10 Minuten backen.

Inzwischen den Topfen mit Honig, Zitronenschale, Eiern und Maismehl verrühren, geschlagenes Schlagobers unter die verrührte Masse heben. Die Springform mit der Masse ausfüllen und 1 Stunde bei einer Backtemperatur von 170 °C backen.

Nach dem Erkalten die Topfenfüllung mit halbierten Erdbeeren belegen. Erdbeermarmelade erwärmen und mit einem Pinsel die Erdbeeren bestreichen.

Backtemperatur: **Boden: 200 °C, Kuchen mit Fülle: 170 °C**
Backzeit: **Boden: 10 Minuten, Kuchen mit Fülle: 60 Minuten**

Tipp

Durch das Gelieren bekommt der Kuchen einen schönen Glanz und die Früchte werden vor dem Austrocknen geschützt.

Gluten-frei	Ohne Ei	Hefe-frei	Milch-frei	Vegan	Weizen-frei	Zucker-frei
		X			X	X

Gerührter Germteiggugelhupf

1 großer Gugelhupf (Napfkuchen) mit 900 g 300 g Weizenvollkornmehl • 30 g Hefe • ca. 150 ml Milch • 150 g Butter • 100 g Honig • 5 g Salz • etwas abgeriebene Schale einer unbehandelten Zitrone 1 Ei • 4 Eidotter (Eigelb) • 80 g Rosinen in 40 ml Rum eingeweicht

Weizenmehl in eine Schüssel geben und in der Mitte eine kleine Mulde drücken. Hefe in auf 35 °C erwärmter Milch auflösen und in die Mulde geben. Mit Weizenmehl bestauben und an einem warmen Ort ca. 20 Minuten gehen lassen.

Inzwischen die Butter zergehen lassen und mit Honig, Salz und abgeriebener Zitronenschale schaumig rühren. Das Ei und die Dotter nach und nach einrühren.
Nachdem der Ansatz (Dampfl) aufgegangen ist, mit der schaumig gerührten Butter-Eier-Masse zu einem glatten Teig vermischen. Die in Rum eingeweichten Rosinen unterarbeiten.
Den Teig ohne Teigruhe gleich in die mit zerlassener Butter bestrichene und mit halbierten Mandeln belegte Gugelhupfform einfüllen und zugedeckt an einem warmen Ort aufgehen lassen. Der Gugelhupf soll bis ca. 2 cm unter den oberen Rand der Form aufgehen.

Im auf 170 °C vorgeheizten Backofen ca. 60 Minuten backen. Nach dem Backen etwa 5 Minuten abkühlen lassen und aus der Form stürzen.

Tipp

Auf dem Land ist das Vorbereiten der Gugelhupfform eine richtige Zeremonie: Butter wird leicht zerlassen, gerade so viel abgekühlt, dass sie streichfähig ist. Dann wird die Gugelhupfform (jede Vertiefung der Rippen und der Zapfen) mit dem Pinsel sorgfältig bestrichen. Die Form wird kühl gestellt und die halbierten, abgezogenen Mandeln im unteren Drittel der Form rundherum aufgelegt.

Backtemperatur: 170 °C
Backzeit: ca. 60 Minuten

						X
Glutenfrei	Ohne Ei	Hefefrei	Milchfrei	Vegan	Weizenfrei	Zuckerfrei

HIRSESCHNITTEN

12 Stück à 100 g 150 g Butter • 220 g Honig • 3 Eidotter (Eigelb) • ca. 100 ml Milch • 3 Eiweiß (Eiklar) 500 g Hirsemehl • 10 g gemahlenes Reismehl • Saft und abgeriebene Schale einer unbehandelten Zitrone 10 g gemahlener Anis • 10 g gemahlener Fenchel • 10 g Backpulver

Den Rand des Backbleches mit dünnen, 3–4 cm hohen Holzleisten umlegen. Butter mit ¾ der Honigmenge schaumig rühren, Eidotter, Milch, Zitronensaft und den Abrieb der Zitrone langsam unterrühren. Eiweiß mit restlichem Honig zu steifem Schnee schlagen und vorsichtig unter die aufgeschlagene Masse heben.
Das mit Reismehl, gemahlenen Gewürzen und Backpulver vermischte Hirsemehl vorsichtig einmelieren.
Die Masse auf das mit zerlassener Butter bestrichene und mit etwas Hirsemehl bestaubte Blech auftragen und gleichmäßig glatt verstreichen.

Im vorgeheizten Ofen bei 190 °C ca. 45 Minuten backen.

Etwas auskühlen lassen, aufschneiden und servieren.

Backtemperatur: 190 °C
Backzeit: 45 Minuten

Tipp

Eine saftige Mehlspeise ohne Mehl – ideal für Weizenallergiker!

Glutenfrei	Ohne Ei	Hefefrei	Milchfrei	Vegan	Weizenfrei	Zuckerfrei
X		X			X	X

TOPFEN-STREUSEL-SCHNITTEN

Ca. 17 Stück à 140 g 450 g Dinkelvollkornmehl • 70 g Honig • ca. 200 ml Milch • 30 g Hefe • 1 Ei 5 g Salz • Saft einer Zitrone • 70 g Butter **Fülle** 200 g Butter • 200 g Honig • 3 Eier • 1 kg Topfen (Quark) • 50 g Maismehl • etwas abgeriebene Schale einer unbehandelten Zitrone • Prise Salz
Streusel 300 g Dinkelvollkornmehl • 200 g Honig • 200 g Butter

Backblech mit zerlassener Butter bestreichen und mit Dinkelmehl bestauben. Den Rand des Backbleches mit dünnen, 3 cm hohen Holzleisten umlegen. Zutaten für den Streusel kurz zusammenmischen und in den Kühlschrank stellen.

Dinkelmehl in eine Schüssel geben, eine Mulde hineindrücken, Hefe hineinbröseln, Milch auf 35 °C erwärmen, dazugeben und mit etwas Dinkelmehl einen Ansatz (Dampfl) machen.
An einen warmen Ort stellen und ca. 20 Minuten aufgehen lassen.
Alle anderen Zutaten – außer der Butter – dazugeben und zu einem Teig mischen.
Die schaumig gerührte Butter erst im letzten Drittel des Mischvorganges dazugeben.
Den Teig ca. 20–30 Minuten ruhen lassen und noch einmal kräftig durchkneten.

Nach weiteren 10 Minuten ausrollen und auf das vorbereitete Backblech legen.

Fülle: Butter mit Honig sehr schaumig rühren, Eier langsam und gut einrühren. Topfen, Maismehl, Salz und Zitronenschale mit der Masse gut verrühren, auf den Teigfleck streichen.

Den Streuselteig mit einem Reibeisen zu lockerem Streusel verreiben und gleichmäßig über die Topfenfülle streuen.

Den Streuselkuchen noch einmal ca. 20 Minuten aufgehen lassen und im auf 180 °C vorgeheizten Rohr ca. 50 Minuten backen. Einen Tag auskühlen lassen und in Schnitten schneiden.

Backtemperatur: 180 °C
Backzeit: ca. 50 Minuten

Glutenfrei	Ohne Ei	Hefefrei	Milchfrei	Vegan	Weizenfrei	Zuckerfrei
					x	x

BIENENSTICH

Ca. 15 Stück à 170 g 600 g Dinkelvollkornmehl • ca. 350 ml Milch • 40 g Hefe • 80 g Honig • 50 ml Rum 70 g Butter • 2 Eier • Saft und abgeriebene Schale einer unbehandelten Zitrone • 1 Messerspitze Zimt 1 Messerspitze Salz **Bienenstichmasse** ca. 250 g Honig • 150 ml Schlagobers (Sahne) • ca. 250 g gehobelte, geschälte Mandeln **Vanillecreme** 100 g Honig • 100 g Maismehl • 4 Eidotter (Eigelb) • 500 ml Milch ¼ Vanillestange

Bienenstichmasse: Honig und Obers aufkochen, Mandeln untermischen und abkühlen lassen.

Dinkelmehl in eine Schüssel geben, in die Mitte eine Mulde drücken, die Hälfte Milch auf 35 °C angewärmt hineingießen, Hefe hineinbröseln und mit etwas Dinkelmehl einen Ansatz (Dampfl) machen. 20 Minuten an einem warmen Ort zugedeckt aufgehen lassen.

Restliche Milch, Honig und die übrigen Zutaten – außer Butter – zum Vorteig geben. Alle Zutaten gut zusammenkneten, nach ⅔ der Mischzeit die bereits vorher locker geschlagene Butter dazugeben. Den Teig so lange kneten, bis er geschmeidig ist und sich vom Schüsselrand löst. Gut zugedeckt ca. 30 Minuten gären lassen, dann noch einmal kräftig durchkneten.

Nach einer weiteren Teigruhe von 15 Minuten den Teig in 2 Teile teilen und rundwirken.

Auf das mit zerlassener Butter befettete Backblech setzen, etwas breitdrücken und ca. 40 Minuten gut zugedeckt gären lassen. Mit Ei bestreichen, die abgekühlte Bienenstichmasse nicht zu dick, aber gleichmäßig auftragen und noch einmal 10 Minuten gären lassen.

Wassergefäß in den Ofen geben und bei 200 °C backen. Nach dem Erkalten aufschneiden. Vanillecreme aufstreichen, die obere Hälfte aufsetzen und in den Kühlschrank geben.

Vanillecreme: Honig, Maismehl und Eidotter gut verrühren. Milch mit der Vanillestange aufkochen und mit der verrührten Dottermasse mischen. Noch einmal erwärmen und rühren, bis die Creme gebunden ist.

Backtemperatur: 200 °C
Backzeit: ca. 40 Minuten

Glutenfrei	Ohne Ei	Hefefrei	Milchfrei	Vegan	Weizenfrei	Zuckerfrei
					X	X

WALDVIERTLER MOHNPOTITZEN

2 Kastenformen, ca. 16 Stück à 100 g 500 g Weizenvollkornmehl • ca. 300 ml Milch • 40 g Hefe 100 g Honig • 100 g Butter • 2 Eidotter (Eigelb) • Saft und abgeriebene Schale einer unbehandelten Zitrone • 1 Messerspitze Vanillezucker **Fülle** Ca. 600 g Mohnfülle (Rezept S. 137) • Ei zum Bestreichen Mohn und gehobelte Mandeln zum Bestreuen

Weizenmehl in eine Schüssel geben, in die Mitte eine Mulde drücken. Die Hälfte der Milch angewärmt hineingeben, Hefe hineinbröseln und mit etwas Weizenmehl einen Ansatz (Dampfl) machen. An einem warmen Ort zugedeckt 20 Minuten aufgehen lassen. Restliche Milch, Honig und die übrigen Zutaten – außer der Butter – zum Vorteig geben.

Alle Zutaten gut zusammenkneten, nach ⅔ der Mischzeit die bereits vorher locker geschlagene Butter dazugeben. Teig so lange kneten, bis er geschmeidig ist und sich vom Schüsselrand löst.

Gut zugedeckt ca. 30 Minuten gären lassen, nochmals kräftig durchkneten.
Weitere 15 Minuten rasten lassen, in 2 Teile teilen und zu einem Rechteck (ca. 25 x 30 cm) ausrollen.

Mohnfülle aufstreichen, von einer Längsseite her aufrollen und in die mit zerlassener Butter ausgestrichenen und mit Weizenmehl bestaubten Formen setzen.

Nach einer Gärzeit von ca. 45 Minuten mit Ei bestreichen und mit Mohn und gehobelten Mandeln bestreuen. Mit einem Messer die Oberfläche 1 cm tief schräg einschneiden.
Im vorgeheizten Ofen bei 170 °C backen.

Backtemperatur: 170 °C
Backzeit: ca. 50 Minuten

						✗
Gluten-frei	Ohne Ei	Hefe-frei	Milch-frei	Vegan	Weizen-frei	Zucker-frei

APFELKUCHEN

1 Torte mit 26 cm Durchmesser 450 g Weizenvollkornmehl • 300 g Butter • 175 g Honig 2 kleine Eier **Belag** 1 kg Äpfel • Saft einer Zitrone • ½ Teelöffel gemahlener Zimt • 100 g Korinthen 60 g gehackte Mandeln • 60 g gemahlene Haselnüsse • 100 g Marillenmarmelade (Aprikosenmarmelade)

Weizenmehl auf ein Backbrett geben, die Butter in kleine Flöckchen schneiden und darauf verteilen. Eine Mulde drücken, Honig und Eier hineingeben. Die Zutaten untermischen und zu einem Mürbteig verkneten. Den Teig in eine Folie wickeln und 2 Stunden im Kühlschrank ruhen lassen.

Tortenform ausfetten, den Backofen auf 190 °C vorheizen. ⅔ des Teiges dünn ausrollen, Boden und Rand der Tortenform damit auslegen. Den Boden mehrmals mit einer Gabel anstechen und 15 Minuten im vorgeheizten Ofen vorbacken.

Die Äpfel schälen, achteln, vom Kerngehäuse befreien und mit Zitronensaft, Zimt, Korinthen, Mandeln und etwas Wasser ca. 10 Minuten dünsten.

Aus dem restlichen Mürbteig eine runde Abdeckplatte rollen.

Den vorgebackenen Kuchenboden mit den gemahlenen Haselnüssen bestreuen und mit den Äpfeln füllen.

Die Abdeckplatte daraufgeben und ca. 35 Minuten backen.

Auf ein Kuchengitter setzen, auskühlen lassen, die Abdeckplatte mit Marillenmarmelade bestreichen und mit gehobelten Mandeln bestreuen.

Tipp

In Österreich wie auch in Deutschland hat der Apfelkuchen Tradition. Nirgendwo wird er so oft gebacken. Zum Belegen eignen sich alle Sorten von Äpfeln.
Durch das Aprikotieren bleibt der Kuchen lange frisch und erhält darüber hinaus einen besonders pikanten Geschmack.

Backtemperatur: 190 °C
Backzeit: ca. 50 Minuten

Gluten-frei	Ohne Ei	Hefe-frei	Milch-frei	Vegan	Weizen-frei	Zucker-frei
		✕				✕

NUSSKUCHEN

Ca. 15 Stück à 100 g 75 g Einkornvollkornmehl • 250 g geriebene Nüsse • 250 g Butter • 250 g Honig etwas Zimt • 50 ml Rum • etwas abgeriebene Schale einer unbehandelten Zitrone • 7 Eidotter (Eigelb) 7 Eiweiß (Eiklar) **Aprikotieren** 100 g Marillenmarmelade (Aprikosenmarmelade) • 50 g Honig 50 ml Zitronensaft **Fülle** 100 g Marillenmarmelade (Aprikosenmarmelade) • gehackte, geröstete Nüsse zum Bestreuen • Brösel (süßes Paniermehl) für die Form

Einkornvollmehl und geriebene Nüsse gut vermischen.

Butter in eine Schüssel geben und mit ⅔ der Honigmenge, Zimt, Rum und Zitronenschale schaumig rühren. Eidotter langsam dazugeben und gut unterrühren.
Eiweiß mit restlichem Honig zu steifem Schnee schlagen und vorsichtig mit der Mehl-Nuss-Mischung in die Masse einrühren.

In die mit zerlassener Butter bestrichene und mit Bröseln ausgestreute Rehrückenform einfüllen und im vorgeheizten Ofen bei 150 °C ca. 60 Minuten backen.

Ca. 10 Minuten abkühlen lassen und auf ein Gitter stürzen.

Nach einem weiteren Auskühlen einmal durchschneiden und mit Marillenmarmelade füllen.

Zitronensaft mit Honig und Marillenmarmelade erhitzen, damit den Nusskuchen mit einem Pinsel dünn bestreichen und mit gehackten, gerösteten Nüssen bestreuen.

Tipp

Besonders bei größeren und schwereren Backwaren ist eine Nadelprobe unumgänglich. Sollte an einer längeren Stricknadel oder einem dünnen Holzstäbchen, an der dicksten Stelle des Backgutes eingestochen, noch etwas Teig haften, verlängert sich die Backzeit. Ist die Nadel oder das Stäbchen beim Herausziehen trocken, ist der Kuchen fertig gebacken.

Backtemperatur: 150 °C
Backzeit: ca. 60 Minuten

		X			X	
Gluten-frei	Ohne Ei	Hefe-frei	Milch-frei	Vegan	Weizen-frei	Zucker-frei

Orangenkuchen

15 Stück à 120 g 400 g Butter • 400 g Honig • 6 Eier • Saft und Schale von drei unbehandelten Orangen 50 ml Rum • ½ geriebene Vanilleschote • 1 Messerspitze gemahlener Piment • 1 Messerspitze gemahlene Muskatnuss • 350 g Kamutvollkornmehl • 100 g Sojamehl • 100 g Kokosraspeln • 20 g Backpulver 100 g Orangeat • ca. 150 g Orangenmarmelade zum Bestreichen

Butter und Honig schaumig rühren, die Eier langsam dazuschlagen, Orangenschale und -saft, Rum und Gewürze zugeben, Kamutmehl, Sojamehl, Kokosraspeln und Backpulver gut vermischen und einrühren. Zum Schluss Orangeat unterziehen.

Die Kuchenform mit flüssiger Butter ausstreichen und mit Vollmehl bestauben. Anstelle einer gerippten Prinzess-Kuchenform können Sie auch eine Rehrückenform verwenden.

Im vorgeheizten Ofen bei einer Temperatur von 170 °C ca. 60 Minuten backen.

Nach dem Auskühlen aus der Form heben und mit erwärmter Orangenmarmelade überziehen.

Backtemperatur: 170 °C
Backzeit: ca. 60 Minuten

Gluten-frei	Ohne Ei	Hefe-frei	Milch-frei	Vegan	Weizen-frei	Zucker-frei
		✗			✗	✗

Tipp

Orangeat kann man selbst herstellen. Man macht es nicht aus Orangen, sondern aus Pomeranzen. Deren Schale ist stark mit ätherischen Ölen durchsetzt und hat einen intensiven, bittersüßen Geschmack.

Die Schalen in Salzwasser konservieren und dann in eine Honiglösung geben. Ca. 1 Woche im Kühlschrank lagern und dann trocknen lassen.

Tipp

Der Orangenkuchen wird sehr gerne in England gegessen, weil er hervorragend auf das feine Teearoma abgestimmt ist. Es gibt heute viele fertige, gemahlene Gewürzmischungen. Das volle Gewürzaroma kommt aber erst richtig zur Geltung, wenn Sie die Gewürze im Mörser oder in einer Pfeffermühle zerkleinern.

OBST-STREUSELKUCHEN

1 Kuchen mit ca. 500 g 75 g Butter • 80 g Honig • Mark einer Vanilleschote • etwas abgeriebene Schale einer unbehandelten Zitrone • 2 Eier • 120 g Dinkelvollkornmehl • 4 g Backpulver • 20 g geriebene Haselnüsse
ca. 80–90 g frische Früchte der Saison (z. B. Weichseln, Marillen [Aprikosen], Zwetschken, Äpfel mit Zimt …)
ca. 50–70 g Mürbteig für Streusel (Rezept S. 138) • Butter zum Bestreichen der Kuchenform

Butter, Honig, Vanillemark und Zitronenschale unter langsamer Zugabe der Eier ca. 5–7 Minuten schaumig rühren.
Dinkelmehl, Backpulver, geriebene Haselnüsse gut vermischen und löffelweise unter die aufgeschlagene Rührmasse heben.

Diese Masse in eine mit Butter befettete Kuchenform bzw. auf ein Backblech geben, glatt streichen und mit Früchten der Saison belegen.

Den gekühlten Mürbteig mit einer groben Reibe (Kartoffelreibe) gleichmäßig über die Früchte und den Teig reiben. In den vorgeheizte Backofen schieben.

Backtemperatur: ca. 175 °C
Backzeit: ca. 35–45 Minuten

Glutenfrei	Ohne Ei	Hefefrei	Milchfrei	Vegan	Weizenfrei	Zuckerfrei
		X			X	X

Aniskuchen

6 Stück à 120 g 200 g Butter • 220 g Honig • Prise Salz • etwas abgeriebene Schale einer unbehandelten Zitrone • 3 Eier • 15 g Anis • 200 g Kamutvollkornmehl

Butter mit Honig, Salz und Zitronenschale schaumig rühren. Eier nach und nach dazugeben und gut einrühren. Kamutmehl mit Anis vermischen und in die Masse einmengen.

Die Masse in eine viereckige, mit zerlassener Butter bestrichene und mit Kamutmehl bestaubte Kuchenform füllen, die Oberfläche mit etwas Anis bestreuen und im vorgeheizten Ofen bei 170 °C ca. 50 Minuten backen.

Nach dem Backen etwas abkühlen und aus der Form stürzen.

Backtemperatur: 170 °C
Backzeit: ca. 50 Minuten

Tipp

Anis enthält 3 Prozent ätherisches Öl, das den süßlichen, angenehm würzigen Geruch und Geschmack erzeugt. Er wirkt beruhigend und appetitanregend.

Gluten-frei	Ohne Ei	Hefe-frei	Milch-frei	Vegan	Weizen-frei	Zucker-frei
		X			X	X

BISCHOFSBROT

Ca. 15 Stück à 90 g 260 g Butter • 200 g Honig • Prise Salz • Saft und abgeriebene Schale einer unbehandelten Zitrone • 5 Eidotter (Eigelb) • 5 Eiweiß (Eiklar) • 300 g Dinkelvollkornmehl • 150 g kandierte Früchte • 40 g Rosinen • 80 g klein gehackte Nüsse und 40 g fein geschnittene, in etwas Rum eingeweichte Feigen • Marillenmarmelade (Aprikosenmarmelade) zum Bestreichen • Erdnüsse zum Bestreuen und für die Form

Butter in eine Schüssel geben und mit ¾ der Honigmenge, Salz, Zitronensaft und -schale schaumig rühren, Eidotter nach und nach beigeben.
Eiweiß mit dem restlichen Honig zu steifem Schnee schlagen und unter die schaumig gerührte Masse heben. Dinkelmehl mit den marinierten Früchten und Nüssen einrühren.

In eine viereckige, mit zerlassener Butter bestrichene und mit gehobelten Erdnüssen belegte Kuchenform einfüllen und im vorgeheizten Ofen bei 170 °C ca. 50 Minuten backen.

Nach dem Backen die Oberfläche mit heißer Marillenmarmelade bestreichen und mit gehobelten Erdnüssen bestreuen.

Backtemperatur: 170 °C
Backzeit: ca. 50 Minuten

		✗			✗	✗
Gluten-frei	Ohne Ei	Hefe-frei	Milch-frei	Vegan	Weizen-frei	Zucker-frei

KLETZENBROT

5 Brote à 600 g 700 g Dinkelvollkornmehl • 150 g Roggenvollkornmehl • 50 g Hefe • ca. 550 ml Wasser 25 g Salz • 100 g Sauerteig (Rezept S. 139) **Früchtemischung** 200 g Dörrzwetschken • 200 g Feigen 200 g Dörräpfel • 200 g Kletzen (Dörrbirnen) • 200 g Rosinen • 200 g Haselnüsse • 10 g Zimt • 300 ml Rum Mandeln zum Verzieren

2 Tage vor der Brotherstellung die Früchte klein schneiden, mit Rum und Zimt vermischen und bei Zimmertemperatur gut zugedeckt ziehen lassen.

Hefe im Wasser auflösen und mit den gesamten Zutaten zu einem festen Teig mischen.
Die Früchtemischung wird erst am Ende eingearbeitet, gut weitermischen bis sich die Früchte gleichmäßig verteilt haben. Dann ca. 1 Stunde ruhen lassen.

Den Teig in 5 gleich große Stücke teilen, rundwirken, auf ein befettetes Backblech setzen und mit Wasser bestreichen.

Jetzt dürfen Sie Ihrer Kreativität freien Lauf lassen und die Brote beliebig mit den Mandeln verzieren.

Nach einer nochmaligen Ruhezeit von 30 Minuten die Brote im vorgeheizten Backofen bei einer Anfangstemperatur von ca. 230 °C ca. 5 Minuten backen.

Bei ca. 180 °C fertigbacken.

Backtemperatur: 5 Minuten ca. 230 °C, zum Fertigbacken 180 °C
Backzeit: ca. 1 Stunde

Gluten-frei	Ohne Ei	Hefe-frei	Milch-frei	Vegan	Weizen-frei	Zucker-frei
	✕		✕	✕	✕	✕

MARZIPANKUCHEN

Ca. 18 Stück à 100 g **Mürbteig** 250 g Dinkelvollkornmehl • 170 g Butter • 80 g Honig • 2 Eidotter (Eigelb) abgeriebene Schale einer halben unbehandelten Zitrone • 250 g Marzipanfülle (Rezept S. 137) • 150 g Butter 2 Eidotter (Eigelb) • 2 Eier • 50 g Dinkelvollkornmehl • 500 g Kompottmarillen (Aprikosen) • 150 g Kompottsaft 30 g Honig • 50 g Maismehl • Saft einer Zitrone **Dekorierung** Marillenmarmelade (Aprikosenmarmelade) geröstete, gehackte Mandeln

Marzipan in eine Schüssel geben und mit Butter und Zitronensaft schaumig rühren, langsam die Eier und Eidotter dazugeben und gut einrühren, Dinkelmehl einmelieren.

Mürbteig zubereiten, Boden und Rand einer Tortenform damit auslegen, halb vorbacken – ca. 10 Minuten.

Kompottsaft, Honig und Maismehl aufkochen, die Marillen dazugeben und noch einmal aufkochen. Die Kompottmasse in die vorbereitete Tortenform eingießen, die Marzipanmasse darübergeben und im vorgeheizten Ofen bei 165 °C ca. 45 Minuten fertigbacken.

Auskühlen lassen, mit heißer Marillenmarmelade bestreichen und mit gerösteten Mandeln bestreuen.

Tipp

Mandeln – die Basis des Marzipans – spielen als Geschmacksträger in der Konditorskunst eine wichtige Rolle. Schon im Mittelalter brachten fahrende Kaufleute diese süßen »Nüsse« – die streng genommen Kerne sind – aus dem Mittelmeerraum in die nördlich gelegeneren Länder mit.

Backtemperatur: 165 °C
Backzeit: Boden: ca. 10 Minuten, Kuchen: ca. 45 Minuten

Glutenfrei	Ohne Ei	Hefefrei	Milchfrei	Vegan	Weizenfrei	Zuckerfrei
		X			X	X

NUSSSCHNITTEN

Ca. 20 Stück à 140 g 450 g Kamutvollkornmehl • 300 g Butter • 150 g Honig • 3 Eidotter (Eigelb) etwas abgeriebene Zitronenschale **Fülle** 200 g Honig • 60 g Butter • ca. 450 ml Milch • 500 g Nüsse 250 g Brösel (süßes Paniermehl) • etwas abgeriebene Schale einer unbehandelten Zitrone • etwas Zimt etwas Rum • ½ Vanilleschote **Biskuitmasse** 120 g Kamutvollkornmehl • 100 g Honig • 5 Eidotter (Eigelb) • 5 Eiweiß (Eiklar) • abgeriebene Schale einer halben unbehandelten Zitrone

Den Rand des Backbleches mit dünnen, 3–4 cm hohen Holzleisten umlegen, damit die Nussfülle nicht auslaufen kann.

Nussfülle: Honig, Butter und Milch aufkochen, Nüsse mit den Bröseln vermischen und mit den anderen Zutaten in die aufgekochte Masse einrühren.

Einen Mürbteig mischen und 1 Stunde im Kühlschrank rasten lassen.
Ausrollen, mithilfe einer Teigrolle auf das mit zerlassener Butter bestrichene und mit Kamutmehl bestaubte Backblech legen. Mit einer Gabel abstupfen und im vorgeheizten Ofen bei 170 °C hellbraun backen.

Nussfülle gleichmäßig aufstreichen.

Biskuitmasse: Eidotter, Honig und Zitronenschale schaumig rühren, Eiweiß mit etwas Honig zu steifem Schnee schlagen und mit Kamutmehl unter die Eier-Nuss-Masse mischen.

Mit dieser Biskuitmasse ein Gitter auf die Nussfülle dressieren und im vorgeheizten Ofen bei 160 °C ca. 60 Minuten backen.

Nach dem Erkalten in Schnitten schneiden.

Backtemperatur: Mürbteigboden: 170 °C, Kuchen: 160 °C
Backzeit: Mürbteigboden: 10 Minuten, Kuchen: ca. 60 Minuten

Glutenfrei	Ohne Ei	Hefefrei	Milchfrei	Vegan	Weizenfrei	Zuckerfrei
		✕			✕	✕

BIO-KAMUTLINZERSCHNITTE

1 Ofenblech für ca. 15 Portionen 280 g Butter • 280 g Honig • Mark von zwei Vanilleschoten etwas abgeriebene Schale einer unbehandelten Zitrone • 4 ganze Eier • 230 g Kamutvollkornmehl 190 g geriebene Haselnüsse • 100 g Kamutbrösel (Kamut-Paniermehl) • 5 g Zimt • 12 g Backpulver ca. 150 g Mehrfruchtmarmelade zum Bestreichen

Butter, Honig, Vanillemark und Zitronenschale unter langsamer Zugabe der Eier ca. 5–7 Minuten aufschlagen. Kamutmehl, Haselnüsse, Brösel, Zimt und Backpulver gut vermischen und vorsichtig unter die Masse ziehen.

⅔ der Linzermasse auf ein befettetes Backblech gleichmäßig streichen und mit der Marmelade bestreichen. Die restliche Linzermasse in einen Dressiersack füllen und das typische Linzertortengitter aufdressieren.

Im vorgeheizten Backofen backen.

Backtemperatur: 165–175 °C
Backzeit: 60–70 Minuten

		X			X	X
Gluten-frei	Ohne Ei	Hefe-frei	Milch-frei	Vegan	Weizen-frei	Zucker-frei

Dinkelgugelhupf

2 Gugelhupf (Napfkuchen) à 500 g 5 große Eier • 170 g Honig • 110 ml Sonnenblumenöl • Mark einer Vanilleschote • 250 g Dinkelvollkornmehl • 100 g geriebene Mandeln • 70 g klein gehackte, backfeste Schokolade • 12 g Backpulver • Sonnenblumenöl und Hirseflocken für die Form

Die ganzen Eier, Honig, Sonnenblumenöl und das Mark einer Vanilleschote in eine Schüssel geben und 10–12 Minuten aufschlagen.
Dinkelmehl, Mandeln, Schokolade und Backpulver gut vermischen und vorsichtig unter die aufgeschlagene Masse heben.

2 Gugelhupfformen mit Sonnenblumenöl ausstreichen und mit Hirseflocken ausstreuen. Danach die Gugelhupfmasse in die Formen füllen und glatt streichen.

Die Formen in den vorgeheizte Backofen geben und bei 170 °C ca. 45–50 Minuten backen.

Tipp

Die Dinkelgugelhupf-Masse kann man auch sehr gut in mehrere kleine Gugelhupfformen füllen – zum Beispiel für Kindergeburtstage. Dadurch verringert sich natürlich die Backzeit.

Backtemperatur: ca. 170 °C
Backzeit: ca. 45–50 Minuten

Gluten-frei	Ohne Ei	Hefe-frei	Milch-frei	Vegan	Weizen-frei	Zucker-frei
		X	X		X	

GRUNDREZEPTE

MARZIPANFÜLLE

500 g Mandeln • 200 g Honig • 100 g Butter • 2 Eiweiß (Eiklar) • 100 g klein gehacktes Orangeat
1 Esslöffel Rosenwasser

Mandeln über Nacht in kaltes Wasser legen und die Schale abbrühen. Die geschälten Mandeln hacken, leicht anrösten und zu feinem Mandelmehl mahlen. Honig und Butter schaumig rühren. Den steifgeschlagenen Eischnee unter die Honig-Butter-Mischung heben. Mandelmehl, Orangeat und Rosenwasser beimengen, bis eine Creme entsteht.

MOHNFÜLLE

1 kg gemahlener Mohn • 700 ml Milch • 600 g Honig • 100 g Brösel von Vollkornmehlspeisen
200·g Rosinen • 200 g Powidl (Zwetschkenmarmelade) • 10 g Zimt • etwas Zitronensaft

Milch erwärmen, mit allen Zutaten gut vermischen. Powidl verbessert die Streichfähigkeit und gibt einen sehr guten Geschmack. Die Brösel geben die Bindung.

NUSSFÜLLE

1 kg geriebene Walnüsse • 600 g Honig • 100 ml Rum • 100 g Brösel (süßes Paniermehl) • 10 g Zimt
700 ml Milch

Milch erwärmen, mit allen Zutaten gut vermischen. Fülle weich halten, durch die Bröseln wird sie mit der Zeit fester. Nussfülle kann im Kühlschrank auf Vorrat gehalten werden.
Wird die Fülle fester gemacht, trocknet sie weniger leicht aus.

MÜRBTEIG FÜR STREUSEL

150 g Vollkornmehl (Dinkel, Weizen, Kamut) • 100 g Butter • 75 g Honig • Prise Salz • etwas abgeriebene Schale einer unbehandelten Zitrone

Alle Zutaten für den Streusel kurz zusammenmischen und in den Kühlschrank geben. Den Streuselteig mit einem Reibeisen zu lockerem Streusel verreiben und gleichmäßig über die gewünschte Masse geben.

PLUNDERTEIG

Hefeteig 80 g Hefe • 100 g Honig • ca. 600 ml auf ca. 20 °C erwärmte Milch • 1 kg Dinkelvollkornmehl 3 Eidotter (Eigelb) • etwas abgeriebene Schale einer unbehandelten Zitrone • 20 g Salz • 150 g Butter • 3 Eier

Butterziegel 500 g Butter mit 150 g Dinkelvollkornmehl zu einem Butterziegel verarbeiten • 5 Stunden in den Kühlschrank legen

Teigzubereitung: Alle Zutaten müssen kalt sein! Hefe und Honig in der Milch auflösen, mit dem Dinkelmehl, Dotter und Zitronenschale vermischen. Salz mit den Eiern verrühren, langsam untermischen.
Nach ⅔ der Mischzeit die Butter dazugeben, kräftig durcharbeiten, mit einem feuchten Tuch abdecken und 60 Minuten an einem kühlen Ort stehen lassen.

Jetzt kann mit dem Tournieren begonnen werden.

Plunderteig kann nur längstens 4 Tage tiefgekühlt werden. Am besten geformtes Gebäck einfrieren, nach Gebrauch herausnehmen, bei Zimmertemperatur auftauen lassen, dann backen.

Im Kühlschrank sollte dieser Teig nie länger als 20 Stunden gelagert werden. Sonst wird das Gebäck klein und grau.

SAUERTEIG

Ca. 600 g 300 g frisch vermahlenes Roggenvollkornmehl • 300 ml Wasser • Roggenvollkornmehl zum Stauben • 1 EL (15 ml) Sauermilch • Zwiebelringe

1. Tag: 100 g Roggenmehl, 100 ml Wasser und 1 EL Sauermilch in einer Plastik- oder Nirostaschüssel zu einem weichen Teig verrühren, diesen mit Mehl bestreuen und mit Zwiebelringen belegen, um jegliche Art von Fremdgärung fernzuhalten. Den Teig 24 Stunden stehen lassen. Jetzt entwickeln sich in diesem Teig Essig- und Milchsäurebakterien.

2. Tag: Die Zwiebelringe vom Teig entfernen und abermals 100 g Roggenmehl und 100 ml Wasser dazugeben. Das Ganze zu einem Teig verarbeiten und Mehl darüberstauben.
24 Stunden stehen lassen.

3. Tag: Noch einmal 100 g Roggenmehl und 100 ml Wasser dazugeben, zu einem Teig verarbeiten und stauben. 24 Stunden stehen lassen. Jetzt hat man einen reifen Sauerteig (genug Essig- und Milchsäurebakterien gezüchtet), um das Brot backfähig zu machen.

Aus diesem Sauerteigrezept erhält man mehr Sauerteig, als man bei den meisten Rezepten braucht. Den restlichen Sauerteig, der übrig bleibt, kann man einfrieren. Ca. 6 Stunden vor der Verwendung den Sauerteig aus dem Gefrierschrank geben und ihn langsam auftauen lassen. So hat man jederzeit Sauerteig im Haus.

3 Tage Reifezeit

SCHOKOLADEGLASUR

150 g Zartbitterschokolade (mind. 70% Kakaoanteil) • 5 g Kokosfett

Schokolade mit Kokosfett im Wasserbad erwärmen und glatt rühren.
Nicht überhitzen (max. ca. 40 °C), da die Glasur sonst matt und bitter werden kann.
Kurz stehen lassen und weiterverarbeiten.

BÄCKERLATEIN

Aprikotieren: heiße Marillenmarmelade (Aprikosenmarmelade) auftragen
Aufarbeiten: Formgeben
Ausstoßen: Breitdrücken und Zusammenschlagen des Teiges, um die im Teig befindliche Luft herauszuschlagen
Dampfl: Vorteig ausschließlich aus Wasser, Mehl und Hefe (siehe z.B. Seite 76)
Entspannen: kurze Teigruhe zur besseren Verarbeitung des Teiges
Gären: Lockern des Teiges durch die Hefe
Krume: Inneres des Brotes
Ruhezeit: Zeit, die der Teig benötigt, um die Teigreife zu erlangen
Rundschleifen: Teigstücke zu kleinen, runden, glatten Kugeln formen
Schluss: Teigfalte, die beim Wirken entsteht
Tourieren: Der Grundteig wird zu einem Rechteck von 1,5 cm Dicke ausgerollt. In die Mitte des Fleckes den Butterziegel legen und in Briefumschlagform die Teigenden darüberschlagen. Den Teig jetzt wieder zu einem Rechteck mit einer Dicke von 1,5 cm ausrollen und zu 3 gleichen Teilen übereinanderschlagen. Diesen Vorgang noch zweimal mit kurzen Teigruhezeiten von 10 Minuten wiederholen.
Wicklungen: Der Teig wird 4–6-mal um die eigene Achse gedreht und aufgerollt.
Wirken, rundwirken: Formen eines Teigstückes

Theres Rathmanner Klaus Ebenhöh
Omas Bio-Küche
Regional, saisonal, gesund & gut
KNEIPP VERLAG WIEN

ein schräges bio-kochbuch
natürlich
buchinger
KNEIPP VERLAG LEOBEN-WIEN